ISBN: 979-8-218-84918-4

Grace M. Cabrera Llinás, *BoriFrases*

Primera edición: 2025

Redacción e Ilustración por la autora
Idea: Edgardo Machuca Torres

Prohibida la reproducción total o parcial de esta obra en cualquier medio impreso o electrónico, sin el consentimiento escrito de la autora

Para más información:
info@borifrases.store

MUJERES PUERTORRIQUEÑAS HISTÓRICAS
que no me enseñaron en la escuela

Grace M. Cabrera Llinás
BoriFrases

Dedicado a...

A las mujeres que me antecedieron:
Asturias, Gloria, Paula, Ángela y Rosa.

A las que me criaron:
Noris, Gladys, Norma, Katty, Carmen y Lisa.

A las que me dan esperanza:
Emma, Sara y Navielys.

A las que añoro que regresen:
Katty M., Marianela, Isayshka y sus crías.

A las que lucharon por mí sin conocer mi nombre.
Algunas están en el presente libro.
Ha sido un honor conocerlas.

A manera de introducción...

El trabajo que presento es el resultado de 15 años de interés por las personalidades ilustres de Puerto Rico y seis años de investigación sobre nuestras mujeres históricas.

Mi pasión por los derechos de las mujeres (por lo tanto, mis derechos) nació antes de tomar conciencia patria. Recuerdo cuando quedé impresionada en mis años escolares con una película sobre las estadounidenses que lucharon por el voto. Su valentía me inspiró a conocer el feminismo. Sin saber que ese mismo valor existió en mi propia nación, algo que la escuela no me enseñó.

Cuando se despertó en mí la inquietud por conocer la historia nacional fue unos pocos años más tarde, atada a mi eterno amor por las frases célebres. Esas reflexiones siempre de extranjeros, siempre de hombres, me llevaron a buscar las de los míos y de las mías. Al leer obras clásicas nacionales se me hacía imposible cerrar los libros y dejar ese hermoso intelecto en un estante.

De ahí nació *BoriFrases*, dedicado a recuperar y difundir frases de próceres boricuas que demuestran la grandeza del pensamiento local. Esa marca-proyecto me permitió quedarme en mi país luego del traumático huracán María. También fue lo que me hizo conectar en las redes sociales con una audiencia receptiva a conocer el valor generacional que una colonia está supuesta a olvidar.

Pero dedicar esa misión solo a los grandes hombres no era una opción. Si Ramón Emeterio Betances y Alacán era el Padre de la Patria, yo necesitaba saber quien era la madre. Y resulta que descubrí "madres", en plural.

No por nada la primera colección de la marca fue llamada "#heroínaspr" y dedicada a siete próceres mujeres, seis de las cuales tienen sus historias aquí. La recepción a la misma me motivó a crear el documento digital llamado "Puertorriqueñas Históricas" para descarga gratuita. Hoy esa decena de páginas se convierten en un libro.

El objetivo de esta publicación es visibilizar a esas mujeres que han hecho historia en Puerto Rico y también ver nuestra historia nacional mediante ellas. Así las recuperamos para esta y futuras generaciones, dejando atrás la tendencia centenaria de relegar a nuestras ancestras. Esta no es una historia "de mujeres" aparte sino inherente a la puertorriqueña.

La presente antología reúne 20 columnas sobre mujeres puertorriqueñas, usando sus frases como *pie forza'o*. Todas ellas históricas: 15 son personalidades y cinco son grupos. 16 de los escritos fueron publicados inicialmente para el periódico feminista *Todas;* aquí minusiosamente revisados y extendidos. Los cuatro restantes son investigaciones inéditas y así están identificadas.

Las columnas pueden ser leídas independientemente pero siguen un orden mayormente cronológico. Además, se entrelazan entre sí al ser mujeres compartiendo y escribiendo sucesos históricos nacionales en común.

Los capítulos llevan el nombre de clasificaciones: Revolucionarias, Pioneras, Activistas y Julia de Burgos. Esto sirve de guía general pero no son líneas fijas, ya que el trabajo de muchas de ellas cruzó varios campos. Las frases de Luisa Capetillo Perone abren cada capítulo, en una libertad personal debido a mi afinidad con su pensamiento.

Sobre el acercamiento a estas figuras históricas, fue muy importante no intentar reducirlas a santas ni a villanas. Este es precisamente el prejuicio y la dicotomía en las que nos continúan intentando encajar. Asumí como un deber presentarlas en su realidad y con sus complejos matices. Es así que nos podemos identificar con su ejemplo y entender que nosotras mismas podemos hacer historia desde nuestros imperfectos mundos.

En esa misma línea, las mujeres escogidas para este trabajo representan la diversidad de la experiencia nacional. No es casualidad que haya poetas acomodadas, obreras analfabetas, cimarronas migrantes, revolucionarias trans, científicas sufragistas y otras tantas mil maneras de experimentar la puertorriqueñidad. La historia puertorriqueña la creamos todos y todas, día a día, no solo el hombre europeo a caballo (ni solo un estereotipo de "mujer").

Finalmente, este no es un libro que siga toda norma científica y académica. Es un intento de presentar una investigación bibliográfica mediante un lenguaje coloquial y personal. Este ha sido el éxito de *BoriFrases* y entiendo es la clave para acercar a más boricuas a su historia.

El hecho de que sean unas mujeres "que no me enseñaron en la escuela", como establece el título, no es una denuncia tanto como un llamado a la inclusión de las nuestras en la memoria colectiva de Puerto Rico.

Comencemos.

Índice

REVOLUCIONARIAS 15
Mujeres Taínas:
Primeras guerreras boricuas por la libertad 16
INÉDITA | Cimarronas boricuas:
Legado afro de libertad 26
Mariana Bracety Cuevas:
Más que coser una bandera 52
Lola Rodríguez de Tió:
La Borinqueña feminista y más atrevimientos 64
Dominga de la Cruz Becerril:
La olvidada heroína de la Masacre de Ponce 78
Blanca Canales Torresola:
La trabajadora social vuelta revolucionaria 92
Lolita Lebrón:
Tres legados de la revolucionaria 108

PIONERAS 121
INÉDITA | Juana Agripina:
Quien retó legalmente su esclavitud 122
Celestina Cordero Molina:
Madre de la educación en Puerto Rico 142

INÉDITA | Ana Roqué Géigel de Duprey:
Científica y educadora de Aguadilla   156
La invaluable labor de las
comadronas puertorriqueñas   178
Las costureras
y su legado a las puertorriqueñas   188
Clara Lair:
Pionera de la poesía feminista   204
Rebekah Colberg Cabrera:
Precursora de Mónica y Jasmine   220
Nilita Vientós Gastón:
Ser la primera abogada pública no es suficiente   236

ACTIVISTAS   249
INÉDITA | Ana y Juana:
Las luchas del voto femenino en Puerto Rico 250
Juana Colón:
¡Ahora tenemos voto!   280
Luisa Capetillo Perone:
La feminista más recordada de Puerto Rico   294
Sylvia Rivera:
La piedra lanzada en *Stonewall* a la transfobia   314

JULIA DE BURGOS
Las diversas facetas de Julia de Burgos   328

REVOLUCIONARIAS

"¿Por qué calificar de prostitutas y viciosas a mujeres que están a más alto nivel moral que los hombres? Veo reinas, emperatrices, mujeres inteligentes que piden reivindicación."

Luisa Capetillo Perone

Capetillo Perone, L. (1916). *Influencia de las ideas modernas.* Tipografía Negro Flores, p. 75

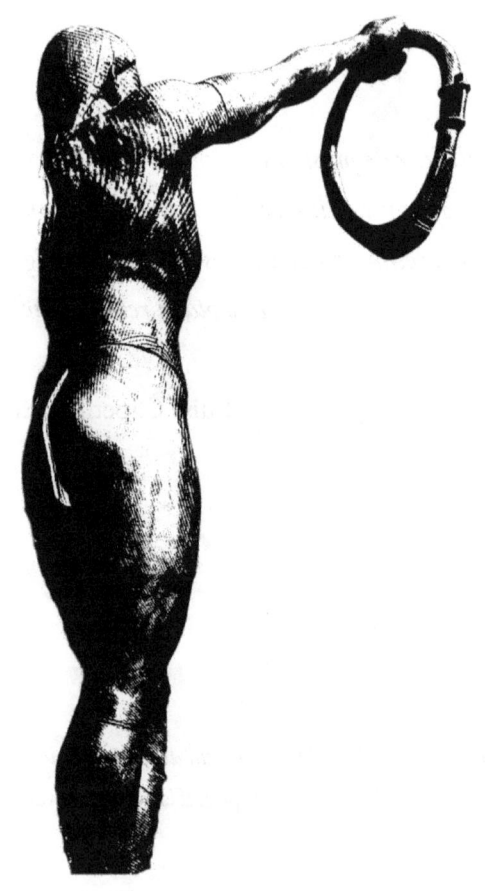

Mujeres Taínas:
Primeras guerreras boricuas por la libertad

"Anacaona, areyto de Anacaona.
India de raza cautiva,
alma de blanca paloma: ¡Anacaona!"
Catalino "Tite" Curet Alonso
Anacaona (1971)

Usualmente, al hablar de colonización pensamos en el aspecto político y electoral actual. Sin embargo, es un proceso lleno de imaginarios impuestos que se derraman hasta nuestra percepción de la realidad histórica y actual.

Desde el inicio del proyecto colonial en Puerto Rico en 1493, la población taína ha sido representada por sus colonizadores con adjetivos que hoy continúan justificando nuestra explotación como país subyugado.

Docilidad. Salvajismo. Incapacidad.

La realidad histórica se continúa redescubriendo cada vez que se reta esa narrativa.

El archipiélago puertorriqueño estuvo habitado más de 4,200 años antes de la era cristiana; y organizado en cacicazgos desde el siglo XIII. Recientemente, el arqueólogo Rodríguez Ramos (2023) encontró que en Borikén se dio un "escenario cultural complejo, dinámico y plural" un milenio antes de lo pensado. Una población organizada que ya había desarrollado un idioma, una religión y unas costumbres que le permitían realizar comercio en el Mar Caribe.

Pero el colonizador español impuso en 1493 su manera de ver el mundo sobre sus nuevos subyugados. En el caso de las mujeres, las taínas pasaron a recibir el juicio al sexo femenino que recibían sus contrapartes en Europa, agravado por la deshumanización racial.

La historia de nuestras primeras mujeres se está repensando; tanto su vida diaria como sus resistencias ante la invasión hispánica. Y es muy distinta a la aceptada hasta ahora.

La vida de las primeras mujeres de Borikén

"Dejan herederos del reino al primogénito de la hermana mayor si la hay; sino al de la segunda; y si esta no tiene prole al de la tercera, porque hay certidumbre de que aquella es prole nacida de la sangre; pero a los hijos de sus esposas los tienen por ilegítimos."

Pedro Mártir, Cronista de Indias
(Citado en Sued-Badillo, 1989, p. 27)

La sociedad taína era patriarcal, de jerarquía y desigualdades. Aún así, sus mujeres disfrutaban de unas libertades que no encajaban en el imaginario cristiano que les colonizó (Sued-Badillo, 1989).

Primero, la organización social en cacicazgos mantenía la superioridad de la familia que dominaba el área. Las mujeres eran cacicas con los mismos poderes, si por herencia el título recaía en ella. Además, esta sucesión se daba por la vía materna. Un patriarcado matrilineal: la clase social por encima del género.

Segundo, la economía fuera de la familia recibía una aportación importante de las taínas a pesar de sí tener tareas según su género. La sociedad comercial dependía mucho de la artesanía. Al Borikén destacarse en piedra pulida y objetos de ceremonias, las mujeres ejercían poder por la importancia de su mano de obra alfarera. Las faenas agrícolas y la preparación de alimentos se hacían a la par con los hombres.

Tercero, su vida sexual no recibía el prejuicio y castigo que aún hoy predomina. De soltera, el sexo era abierto y fomentado. De casada, se esperaba monogamia y se le preparaba para ser esposa. Además, el divorcio era permitido por consentimiento de cualquiera de las partes.

Cuarto, en la espiritualidad había líderes religiosas y diosas que reflejaban a la sociedad. Los ritos de fertilidad usaban figuras con los órganos reproductivos de la mujer. La diosa madre, Atabey, reflejó la tradición taína de sucesión matrilineal. Y aunque se suelen recordar a dioses masculinos como Jurakán, según Sued Badillo la diosa propulsora del fenómeno atmosférico "huracán" era Guabancex que "conjuraba vientos, lluvias y nubes" (p. 25).

Por último, las mujeres taínas eran entrenadas militarmente. También eran nadadoras, chamanas, educadoras y jugadoras de pelota en equipos mixtos.

Resistencias de las taínas

"Mayormente los de estas islas todos peleaban cuando era menester, y las mujeres también nadando en los ríos y en la mar, desde el agua tiraban buenas flechas porque sabían bien menear e usar de sus arcos y armas."
Bartolomé de las Casas, Procurador de Indios
(1958, p. 227)

Desde antes de la colonización, las mujeres eran víctimas de prácticas como el "rapto" si eran enemigas o de la "cortesía" de ser regaladas a visitantes. Por ejemplo, Agüeybaná I entregó una hermana a Juan Ponce de León.

También es importante tener presente que no todas las taínas fueron guerreras. Doña Inés, esposa del mismo Agüeybaná I, le instó a colaborar con los colonizadores. Catalina de Caguas gobernaba "una amplia fuerza obrera" que realizaba el trabajo impuesto por los españoles (p. 61).

Otras se encontraron en una situación más complicada. Cacica Yuisa (Luisa), que dominaba la región rebelde del Loíza de hoy, intentó pacificar a su gente. Para estos efectos, proveyó buena remuneración a personas a su mando por recoger oro y se casó con un castellano. Ella murió en un ataque de taínos rebeldes en 1514.

La posición de poder de las cacicas propició el amancebamiento: matrimonios entre cacicas y militares a cambio de obtener fuerza de trabajo, tierras, lealtad y trato preferencial. Por esto, recordamos a algunas por sus nombres castellanos como Doña Inés y Luisa. Estas lideresas eran llamadas "doñas" para distinguirlas como amigables a la Corona española.

En contraste está la famosa Anacaona, "flor dorada" en castellano, que fue inmortalizada por el compositor Tite Curet Alonso en la canción que abre este escrito y que fue popularizada por Cheo Feliciano. La cacica taína de Ayiti (La Española) fue heredera de las tierras controladas por su familia (Hira, 2016; Sued-Badillo, 1989). Ella dominaba sobre 100 caciques. Su esposo lideró un ataque y ella fue castigada con la pena de muerte. Le ofrecieron clemencia si se hacía concubina de un conquistador. Ella se negó y la asesinaron en la horca a sus 29 años. Su nombre es símbolo de resistencia en Haití, República Dominicana y Puerto Rico.

Ante las muertes taínas por enfermedades y trabajo forzoso, las cacicas también perdieron su poder de negociación frente a los invasores. Por su parte, las taínas comunes fueron desplazadas de sus tierras para trabajar en la explotación del oro y la agricultura. Además, recibieron continuos abusos sexuales y podían ser marcadas con hierro en la frente. Algunos de estos castigos fueron sufridos por algunas cacicas como María de Caguas.

Pero recordemos que las mujeres taínas estaban entrenadas en guerra. Sus resistencias se comprueban con datos como que eran mayoría en la lista de prisioneras por insubordinación. Esas mujeres capturadas por rebeldía fueron marcadas en su piel con hierro caliente. Muchas prefirieron fugarse, el suicidio colectivo o el aborto antes que ser esclavas o condenar a su descendencia al genocidio que comenzaba.

Su legado

Las mujeres taínas fueron nuestras primeras guerreras por la autonomía de nuestros cuerpos y la libertad de nuestra tierra. Esto puede ser constatado aún ante la obvia falta de documentación histórica que pudiera permitir una representación más detallada de esta milenaria civilización. Es nuestra misión rescatar su verdadero legado histórico y milenario, retando así la narrativa del colonizador de antes y el de hoy.

¡Nuestras primeras guerreras por la libertad: las TAÍNAS!

Referencias

Curet Alonso, C. (1971). *Anacaona*. Concord Music Publishing LLC.

Hira, S. (julio-diciembre, 2016). El largo recorrido de decolonizar la mente en Latinoamérica. *Tabula Rasa*, (25), 175-194.

Las Casas, B. (1958). *Apologética historia sumaria* (Tomo I). Biblioteca de Autores Españoles, p. 22.

Rodríguez Ramos, R., Rodríguez López, M., & Pestle, W. J. (2023). Revision of the cultural chronology of precolonial Puerto Rico: A Bayesian approach. *PLOS ONE*, 18(2), e0282052. https://doi.org/10.1371/journal.pone.0282052

Sued-Badillo, J. (1989). *La mujer indígena y su sociedad*. Editorial Cultural

Flavia Lugo de Marichal, 18 de marzo de 1990, El Mundo, p. 14

INÉDITA

Cimarronas boricuas:
Legado afro de libertad

> "*A los historiadores: Por habernos dejado fuera, todavía en este siglo, todavía en este año. Aquí estamos de nuevo... cuerpo presente, color vigente, desde la ficción, la fantasía, la realidad, la memoria, la historia, los archivos y la oralidad, declinándonos a ser invisibles y rehusándonos a ser continuamente borradas.*"
>
> Yolanda Arroyo Pizarro
> Las aventuras de la Pirata Mota
> (2024, Dedicatoria)

Ser "cimarrona" es uno de esos términos que ha pasado de ser despectivo a ser apropiado por quienes pretendía deshumanizar: las personas negras esclavizadas que buscaron su libertad.

Todavía hoy, el diccionario de la Real Academia Española define "cimarrón, na" como un adjetivo "dicho de un animal doméstico: Que huye al campo y se hace montaraz (...) Salvaje, bravío, silvestre, agreste, rústico, matrero."

Este claro insulto se ha redefinido como la declaración de una identidad libre y solidaria. De hecho, el cimarronaje creó espacios de protección comunitaria como San Mateo de Cangrejos, hoy Santurce, "primer poblado negro y cimarrón de Puerto Rico" (Aponte & Ríos, 2025, p. 6).

El término también ha pasado por una definición ligada al género (Maldonado Jiménez, 2021). La propia academia había estudiado al cimarronaje como una estrategia libertaria usada por hombres esclavizados; asumiendo que las mujeres no deseaban tanto la fuga por sus tareas de cuidado a familiares dependientes.

Pero el repaso histórico nos demuestra que nuestras antepasadas han resistido constantemente. El profesor Sued-Badillo (2011) encontró que tan temprano como en 1588 se quemaron vivas a tres mujeres esclavizadas por "brujería" bajo el tribunal de la Inquisición basado en San Juan.

¿Qué enfrentaron las primeras cimarronas de Puerto Rico? Las mujeres negras siempre han trabajado, inicialmente de gratis y bajo abuso. Desde el inicio de la colonización española, la mayoría de la mano de obra era esclava y fue explotada primero en la minería y luego en el café y el azúcar. Según Baralt (1981), la industria esclavista estuvo inherentemente ligada a la del azúcar durante toda su existencia. Nos recuerda Sued-Badillo: "La conquista y colonización de las grandes Antillas fue una empresa conjunta entre el gobierno castellano y lo que hoy llamaríamos empresa privada" (p. 7).

Las mujeres esclavizadas en el azúcar trabajaban físicamente al igual que los hombres, si su trabajo era en el campo (Baralt, 1981). Un día de trabajo normal en tiempo de cosecha (zafra) incluía ser despertada a las 4:00 am, trabajar hasta las 9:00 am, almorzar y luego continuar hasta la noche. Si eran consideradas las más fuertes de su género, eran "macheteras" dedicadas a cortar la caña junto a los varones. También podían ser las "alzadoras" que cargaban las carretas llenas de caña, o ser asignadas a las diferentes tareas del procesamiento, conocido como "molienda". Algunas eran esclavas domésticas trabajando el cuidado del hogar de sus propietarios.

En adición, las mujeres eran usadas según su capacidad de parir, lo que le ahorraba dinero al esclavista al evitarle tener que comprar más mano de obra. Prueba de esta doble opresión es que usualmente un varón esclavizado tenía un mayor precio por su fortaleza física. Pero cuando se complicaba robar seres humanos de África, la mujer "costaba" más porque era la manera de mantener o aumentar la mano de obra, invitando a la explotación sexual.

Esto redundó en vidas sin la más mínima autonomía. Sus nombres hispanos fueron impuestos en el obligatorio bautismo católico. Además de las obvias condiciones inhumanas de todo esclavizado, las mujeres sufrieron documentadas violencias sexuales por esclavistas (algunas resultaban en embarazos) y agresiones tanto por varones esclavizados como por mujeres propietarias.

Aun así, ese hambre de libertad persistió por siglos, individualmente y en grupo. Aquí tres maneras en que estas mujeres fueron cimarronas, ampliando el significado de la palabra no solo a la fuga sino también a la rebelión y la denuncia legal.

Fugitivas

"Estefana de 24 años, encontrándose enferma de sus pies y embarazada de 6 a 7 meses, en la noche del 13 de agosto de 1821, decidió escapar de las manos de doña Eugenia Letamendi."
Gazeta de Puerto Rico
(18 de agosto de 1821, p. 264)

El cimarronaje está directamente relacionado con el escape hacia el monte o el mar, hacia lo incierto pero libre.

Además de las rebeliones abiertas, que tocaré en el próximo subtema, hay que incluir los "cientos de fugas individuales que diariamente ocurrían, y que también fueron otro tipo de manifestación de rebeldía contra la institución de la esclavitud" (Baralt, 1981, p. 11).

En Puerto Rico, las fugas tuvieron un contexto específico.

El siglo XIX aparenta ser el que conllevó más fugas; tal vez porque fueron más documentadas que en siglos anteriores (Baralt, 1981; Maldonado Jiménez, 2021; Naranjo Orovio, 2025; Sued-Badillo, 2011). España temía perder sus colonias restantes ante las ideas de la Revolución de Haití, de libertad nacional en toda América y de las ideas liberales europeas. El gobierno colonial sintió la necesidad de reprimir fuertemente las resistencias a su amenazado poder.

En Puerto Rico se implementaron un conjunto de medidas conocidas como "Código Negro", que impuso crueles castigos hacia quien se fugara o atentara contra una persona blanca. La más cruel se implementó en 1848 por el General Prim y Prats, militar condecorado aún hoy en España. Este "Bando contra la raza africana; Bando de Policía y Buen Gobierno" no diferenciaba entre un negro libre y otro esclavizado, penalizándolos militarmente por todo lo que hicieran contra un blanco. O sea, las cimarronas de este siglo se atrevieron a la fuga aún bajo un abierto régimen de terror.

Del acto de la fuga conocemos que se daba principalmente de manera individual hacia la zona rural (para ser jíbaros o esconderse entre comunidades libertas) y, en menor medida por su dificultad, en grupo a través del mar con el objetivo de llegar a alguna tierra sin esclavitud. A Puerto Rico también llegaron fugitivos de otras Antillas.

Varias de las fugas se planificaron durante los bailes de bomba. Tanto así que el Reglamento de Esclavos de 1826, que ampliaré en el subtema "Denunciantes", limitó las fiestas separándolas por género, evitándolas de mezclarse con otras haciendas o con negros libres, y prohibiéndolas luego de la puesta del sol.

Sobre las fugitivas, conocemos que eran de todas las edades. En algunas ocasiones llevaban a sus niños consigo, aunque fuera por mar. Las personas recién llegadas de África, "bozales", eran consideradas más prontas a la fuga.

Resalta el dato de que a veces en los anuncios de fugas no se mencionaba a estas mujeres por su nombre sino con el de su pareja y el añadido "y mujer" (Maldonado Jiménez, 2021). Además de tener nombres impuestos por los colonizadores, las cimarronas fueron borradas de los archivos al no ser tan siquiera nombradas; eran "la mujer de...".

El final de fugarse no era seguro. A veces las atrapaban aquí o en otras islas; a veces lograban su ansiada libertad; a veces eran dejadas en celdas; a veces eran regresadas a sus esclavistas por las autoridades o por cazadores de esclavos.

Una revisión propia de los anuncios sobre fugitivas en el periódico Gazeta muestra que se colocaban en la misma sección que los animales perdidos.

Las próximas historias de mujeres fugadas presentan una idea de cómo el gobierno y los esclavistas se referían sobre ellas mientras buscaban su captura (Maldonado Jiménez, 2021, pp. 156 - 225):

> "Por algunos pueblos de la isla transita una negra nombrada María de la Mota cuya conducta es perjudicial a sus habitantes."
> (Fondo Gobernadores Españoles de Puerto Rico [FGEPR], Esclavos, Caja 59, Entrada 23)

> "Se ha fugado una negra como de trece a catorce años, criolla de Costa Firme, pelona, con camisa larga de coleta, de un ombligo tan abultado que es reparable y unas marcas en los tobillos como de quemaduras."
> (Gazeta, 22 de agosto de 1821, p. 268)

"Rosa María reincidente en sus fugas, una de ellas de la cárcel municipal de Barranquitas." (FGEPR, Esclavos libertos, Caja 64, Entrada 23)

"En el pueblo de Sabana-Grande ha sido capturada una negra, natural de Guadalupe que dice llamarse Fany, de las señales siguientes: Cuerpo regular, pelo pasa, con una trencilla por delante, nariz chata, ojos vivos, labios regulares, un diente menos en mandíbula superior, algunas cicatrices de foetazos en las espaldas y brazo izquierdo siendo unas frezcas y otras viejas, como de 25 a 40 años, y lleva consigo una jigüera con las iniciales MA.P." (Gazeta, 15 de octubre de 1842, p. 4)

"De la estancia de Hoyo Caña, en el partido de Arecibo, se han fugado en la madrugada del 2 del corriente once negros bozales, siete de ellos barones grandes, dos mujeres en cinta, un varón como de 9 a 10 años y una hembra de 7 a 8. La persona que los entregue en Arecibo a D.

Juan Manuel Tejada, o en esta ciudad a su hermano D. José Luciano Tejada, será gratificada, y dando noticia de la dirección que han tomado, también se le compensará."
(Gazeta, 11 de mayo de 1825, p. 444)

Rebeldes

"*La violencia ejercida sobre los esclavos* (en rebelión durante el siglo XIX) *sobrepasó en cantidad y en virulencia la ejecutada sobre cualquier otro grupo humano* (...) *Prácticas abandonadas ya en muchas partes del mundo.*"
Sued-Badillo (2011, pp. 14 y 51)

Las rebeliones de personas esclavizadas fueron documentadas desde 1514. Sued-Badillo (2011) estudió la pena de muerte en Puerto Rico y encontró que ese año fue la primera ejecución conocida por "alzamiento" de personas africanas esclavizadas. Se asume que los cuatro participantes eran hombres pero no se especifica. Según Baralt (1981, p. 11):

"Contrario a lo que siempre se había creído, los esclavos de la isla se rebelaron con frecuencia. El número conocido de conspiraciones conocidas para apoderarse de los pueblos y de la isla, más los incidentes para asesinar a los blancos, y particularmente a los mayordomos, sobrepasa los cuarenta intentos. Más, si tomamos en consideración la secretividad y el clandestinaje de estos movimientos, el número resulta, indiscutiblemente, muy superior."

Al igual que en los casos de fuga, hay inconsistencia en la documentación durante los siglos XVII y XVIII; se asume que las rebeliones y sus castigos se manejaron localmente.

Esto cambió durante el siglo XIX, cuando aumentó tanto el comercio de esclavos como las rebeliones debido al crecimiento de la industria azucarera en medio de las aboliciones en otras colonias y dentro de Europa (Moscoso, 2003; Naranjo Orovio, 2025). Advierte Sued-Badillo: "El Estado parece haber determinado que estos delitos eran políticos, es decir, sediciones, amenazantes a la seguridad estatal y descargó contra todo su peso" (2011, p. 48).

La Revolución de Haití (1791 - 1804), liderada y ganada por antiguos esclavos, sirvió de motivación para las poblaciones esclavizadas de todo el Hemisferio. Cuando en Aguadilla se realizó una insurrección en 1795, alegadamente liderada por un agitador haitiano enviado para tales fines, el gobierno colonial comenzó unas medidas de represión y vigilancia hacia esclavizados, negros libres, inmigrantes y otros "indeseables" (Baralt, 1981). Aún así, las conspiraciones continuaron; la motivación principal no venía de afuera sino de las propias condiciones inmediatas de la esclavitud. Eran actos políticos: las personas se declaraban libres y denunciaban que esta libertad no era reconocida por el gobierno.

Debo aclarar que entiendo como rebelión tanto su acepción usual como otros actos de resistencia física; por ejemplo, el asesinato de esclavistas y mayorales. El historiador Francisco Moscoso encontró 22 "conspiraciones, sublevaciones y protestas entre

1795 y 1848" (2003, p. 29). Como se lee anteriormente, Baralt estableció que hubo "más de cuarenta" rebeliones y aunque en su pasaje no incluye el periodo, su libro estudió el intervalo de 1795 a 1873.

Sobre las cimarronas, aparecen varias en las listas de personas enjuiciadas por "conspiración" o "rebelión" (Baralt, 1981). Por ejemplo: en un alzamiento en Bayamón (1821) se identifican a Marcelina, María Concepción y Merced. En 1822, se interrogó a una vendedora de tortillas en Loíza, Petrona, por pedir en voz alta la libertad de los esclavos para el Día de San Mateo. Esta última supone la participación o solidaridad de personas ya libertas, acto que se observó en la participación de dos negros varones libres en una sublevación en Naguabo (1843) y otra en Toa Baja (1846).

Ponce fue la región de más rebeliones en haciendas azucareras durante el siglo XIX, ocurriendo en 1826, 1833, 1835, 1836, 1841 y 1848. Aquí aparece Inés, ejecutada como una de 11 líderes en el alzamiento de 1826. Otras dos, Ambrosia y Esperanza, fueron sentenciadas a cadena perpetua por conspiración (se menciona a "Baha" y "Cuacua" pero no su género).

Como en la fuga, resurge el uso político del baile de bomba: una de las rebeliones fue pautada para el 1 de enero porque ese día festivo estaría la población libre distraída en la plaza pública viendo la bomba de los esclavizados.

Ante los fracasos de varias conspiraciones, en la segunda mitad del siglo se popularizó el asesinato colectivo del mayordomo, que ocurrieron en haciendas de todo el archipiélago. Maldonado Jiménez (2021) recuperó el caso de Ana y María: "la primera de veintidós y la segunda de diez y ocho años, declaradas culpables en rebeldía y prófugas de la justicia desde el 1837, unidas a otros seis cimarrones por la muerte violenta dada al mayordomo don Juan Solá de la hacienda de don Luis Lafore" (Gazeta, 24 de julio de 1850).

Moscoso (2003) define a la década de 1860 como una revolucionaria, no solo hacia la independencia nacional sino en contra de los sistemas de la esclavitud y la libreta de jornaleros.

Durante el Grito de Lares, los rebeldes le ofrecieron la libertad a toda persona esclavizada que participara. Pero ya ellos estaban presentes: 10% en la lista (incompleta) de presos por el Grito eran "esclavos". Francisca Brignoni era una morena libre y aparece como miembro de la Junta Revolucionaria de Juana Díaz, órgano municipal del alzamiento de Lares. Un testimonio suyo la coloca ese día en su pueblo advirtiendo a una mujer esclavista que "saliera de sus esclavos pues estos serían libres de un momento a otro" (p. 70).

La profesora Méndez Panedas (2022) retomó el caso de Avelina, la única mujer negra esclavizada en el listado de participantes del Grito de Lares. Su mención fue rescatada por el historiador Baralt (1981). La autora no ha podido encontrar más información de ella, solo que era de San Germán, pero honró su memoria en un libro infantil.

Denunciantes

"Mi amo me hizo sucesivamente madre de tres criaturas con la promesa de darme la Libertad."

María Balbina
(Citada en Nistal Moret, 1984, p. 163)

Parte del mismo esfuerzo para aplacar el sentimiento libertario del siglo XIX que impuso el cruel Código Negro, también incluyó el Reglamento de Esclavos de Puerto Rico de 1826. Este actualizaba la Real Cédula de 1789 promulgada por el Rey y otorgaba deberes y limitadas protecciones a la población esclavizada y propietarios.

El Reglamento se basaba en la misma visión esclavista y colonizadora, estableciendo como un deber: "Obedecer y respetar a sus dueños y mayordomos (...) Venerarlos como a padres de familia". Irónicamente, a quienes delataran a cimarrones les otorgaban la libertad (Art. II, Cap. XI). Sin embargo, este documento sí fundamentó vías legales para que una persona esclavizada pudiera ser libre. Esto proveyó un espacio de lucha que nuestras cimarronas no tardaron en aprovechar.

El 1 de enero de 1841 ocurrió una protesta grupal de cimarrones en Isabela exigiendo las protecciones bajo este Reglamento (Baralt, 1981). Unos jóvenes negros rompieron un cercado en la hacienda La Esperanza para acceder al Camino Real. El propietario los vio y castigó a todos sus esclavos a trabajar el domingo, que era un día libre bajo el Reglamento. 36 de las 46 personas esclavizadas allí, hombres y mujeres, se fugaron con sus instrumentos de trabajo para marchar hasta la alcaldía a quejarse. El alcalde no estaba y les ordenaron regresar, no sin antes realizar una queja formal. El gobernador abrió una investigación que delató un abuso constante. Aun así, solo le impusieron 50 pesos de multa; los testimonios recogidos eran de vecinos libres y no de quienes sufrían.

Las quejas al "síndico procurador" creado para implementar el Reglamento fueron muy usuales desde 1850 y hasta luego de la abolición de 1873 (Nistal Moret, 1984). Sin embargo, muchos de los síndicos eran esclavistas en sí, por lo que no tenían incentivo para ser imparciales.

El Reglamento facilitó la documentación oficial de los nombres y experiencias de nuestras antepasadas. Te presento cuatro cimarronas que se sirvieron de este método: Juana Agripina, Carmen, María Balbina y Eleuteria.

Juana Agripina era una madre esclavizada de San Germán. Ella usó la ley para buscar la libertad en cuatro ocasiones distintas (Naranjo Orovio, 2025). En el primer y cuarto intento alegó una "manumisión", que era un acuerdo de libertad escrito del "amo" hacia el "esclavo". En su caso, ambos intentos fracasaron ante la negación o dejadez de su pasada dueña y herederos en encontrar el documento. En el segundo intento, alegó que era libre por haber visitado un país con abolición (Santo Domingo), el cual no prosperó. Y el tercero fue por daños físicos mayores a los permitidos; ganó este caso pero solo fue ordenada a cambiar de dueño temporalmente. No se conoce si Agripina vio la abolición en 1873, pues su última alegación fue en

1866. La vida de Agripina es contada en otra columna de este libro.

Carmen fue una mujer de Utuado que presentó su petición de libertad en 1862. En su caso, usó el método de "coartación": un sistema de pago a plazos que permitía comprar la libertad a cierto precio. Ella negoció tres veces un acuerdo con su propietaria; el dinero venía de sus propios ahorros y sus inversiones en ganado. Pero esta mujer esclavista accedió solo si Carmen le prestaba su dinero para complementar el propio. En la escritura se omitió este préstamo, por lo que la cantidad no alcanzaba; su "dueña" le robó dinero. Carmen sometió una respetuosa queja a las autoridades y permaneció presa para evitar castigo. En la petición incluyó a su hijo, aunque la coartación no le cobijaba a él, porque calculó las ganancias en intereses que hubiera recibido su dinero adeudado si estuviera invertido. Su hijo hubiera nacido libre durante ese tiempo. El alcalde le dio la razón.

María Balbina es un triste ejemplo de explotación sexual. Ella sometió una petición porque fue prometida su libertad por su propietario luego de parir una criatura suya (Maldonado Jiménez, 2021; Nistal Moret, 1984). Esto ocurrió tres veces, para luego negarle su carta de libertad, intentar venderla a un precio alto y ahorrarse el precio de compra de las tres nuevas criaturas esclavizadas. Durante este siglo, la disrupción en el tráfico esclavista había aumentado el precio de las mujeres como entes de reproducción de la fuerza laboral.

Los casos de agresión sexual no aparentan haber sido raros. Otro caso fue el presentado por una esclava doméstica llamada Eleuteria en Vega Baja. Ella tuvo dos criaturas luego de que el hijo de su "amo" la sedujera con promesas de libertad. El padre de sus hijos aceptó los hechos al síndico y prometió darle la libertad pero solo si se tasaba a Eleuteria y ese precio era aceptado por los demás herederos de su padre. La mujer quedó encarcelada en lo que se resolvía la herencia. No se conoce si le cumplieron el veredicto de libertad.

Estos cuatro casos son solo una muestra de los muchos presentados por mujeres esclavizadas. Y deben haber sido más, ya que solo contamos con aquellos que quedaron documentados y están accesibles para ser estudiados. Un panorama de otras quejas recuperadas por Maldonado Jiménez (2021) incluye: rotura de dientes con martillo, azotes con látigo de cuero en nalgas descubiertas a una niña de 15 años llamada Fabiana, explotación laboral hasta sangrar por la cabeza, entre otras crueldades. Las acciones de las cimarronas bajo este método demuestra la valentía para asumir un espacio legal y económico reservado para hombres propietarios. Más aún con la amenaza constante de castigo al someter, perder o ganar sus denuncias.

Ancestría de valientes

"Han dado los negros la queja del maltrato (...) que si no se les daba otro tratamiento para poder continuar los trabajos estaban a punto de desesperar, y ahorcarse, o tirarse a ahogar."
(Citado en Nistal Moret, 1984, p. 244)

Aunque no es fácil encontrar sus palabras directas, los archivos históricos nos permiten conocer una ancestría afroboricua donde el deseo de libertad fue inherente desde el inicio. Ejemplo de ello es que a veces quienes se fugaban preferían suicidarse antes que el regreso a la esclavitud (Lugo de Marichal, 1990). Tampoco hay evidencia de que la pena de muerte aplicada a quienes se rebelaron haya evitado otros alzamientos (Sued-Badillo, 2011). Tal vez la evidencia del nivel de miedo que provocaron las rebeliones cimarronas la provee las mismas leyes que aplicaron para atenderlas. Por ejemplo, en el primer Artículo del Reglamento de 1826 se le prohíbe a esclavizados tener un machete fuera de su área de trabajo.

No importa el medio en que hayan intentado liberarse, sus actos demuestran valentía, astucia y persistencia ante una sociedad hostil donde no contaban con defensa alguna más que la propia. Era más grave cuando eran mujeres, donde habían fuerzas físicas, económicas e institucionales mayores que se apropiaban de sus cuerpos y hasta de los hijos que gestaban. Resalta que debe haber existido una red de comunicación con otras personas cimarronas, negras libres y blancas aliadas. De alguna manera se enteraban de los sucesos en otras haciendas y países, al igual que de los pocos instrumentos legales que podían intentar utilizar a su favor.

La academia puertorriqueña afrodescendiente ha realizado grandes esfuerzos de investigación sin mucho respaldo institucional público. Necesitamos cambiar la narrativa. Que se conozcan las antepasadas que hicieron de la libertad una palabra buena en una colonia perpetua.

¡Gracias, CIMARRONAS,
por su legado de libertad!

Referencias

Aponte, G., & Ríos, O. (2025). *San Mateo de Cangrejos: Cultura, resistencia y comunidad*. Ediciones Santillana Inc.

Baralt, G. A. (1981). *Esclavos rebeldes: Conspiraciones y sublevaciones de esclavos en Puerto Rico (1795-1873)*. Ediciones Huracán.

Lugo de Marichal, F. (18 de marzo de 1990). Juana Agripina, o la lucha de una esclava por su libertad. *El Mundo*, pp. 12-15.

Maldonado Jiménez, R. (2021). *La resistencia antiesclavista de la mujer en Puerto Rico, 1806-1873*.

Méndez Panedas, R. (2022). *Avelina: Un nombre con historia*. Editorial EDP University.

Moscoso, F. (2003). La Revolución Puertorriqueña de 1868: El Grito de Lares. *Cuadernos de Cultura*, (11). Instituto de Cultura Puertorriqueña.

Naranjo Orovio, C. (2025). La voz de esclavizadas en Puerto Rico a través de los procesos legales, siglo XIX. *L'Âge d'or*, 18.

Nistal Moret, B. (1984). *Esclavos prófugos y cimarrones: Puerto Rico, 1770-1870*. Editorial Universidad de Puerto Rico.

Reglamento sobre la educación, trato y ocupaciones que deben dar a sus esclavos los dueños y mayordomos de esta isla. (1826). Gobernador Miguel de la Torre.

Sued-Badillo, J. (2011). *La pena de muerte en Puerto Rico: Retrospectiva histórica para una reflexión contemporánea*. Publicaciones Gaviota.

Mariana Bracety Cuevas:
Más que coser una bandera

*"Brava entre los bravos, inteligente y noble
como el que más."*
Ángela Negrón Muñoz, feminista (1935, p. 41)

Las mujeres que han marcado la historia puertorriqueña no reciben uno solo de los días feriados o de conmemoración establecidos, todavía en el siglo XXI. Su legado es usualmente minimizado a los roles de género tradicionales o a su relación con hombres históricos.

Uno de los primeros ejemplos de esto es Mariana Bracety (Bracetti) Cuevas. Aún hoy, su vida ha sido poco documentada y torcida hacia la narrativa de "la esposa de" un revolucionario.

Esta columna repasa su vida con una mirada más fiel a la compleja realidad histórica que vivió y colaboró a escribir. Mariana cosió banderas... y también una parte de la historia de su país. Veámos.

Señorita y esposa

"Era un abuso."
Sobre el trato a esclavizados en Añasco
(Citada en 1968, p. 6)

La niña Mariana nació el 26 de julio de 1825 en Mayagüez o Añasco (Cabrera Salcedo, 2008; Cancel Sepúlveda, 1985). La más pequeña de 10 hijos fue bautizada con el nombre de Ana María. Parece que el uso correcto de su apellido era "Bracety", ya que ella firmaba así, aunque se ha popularizado como "Bracetti".

Sus padres eran hacendados, por lo que se educó según las normas de clase y género del Puerto Rico colonial. Aprendió costura, religión, gramática, geografía e historia.

A sus 25 años se casó por primera vez y procreó tres hijas y un hijo. Sus hijas llevaban el nombre de su madre, Antonia, lo que el historiador Cancel Sepúlveda concluye como evidencia de una fuerte relación. Esta cercanía madre-hija parece lógica debido al hecho de que Antonia enviudó cuando sus ocho hijos eran pequeños.

La viudez temprana también le tocó a Mariana, cuando el cólera morbo llegó a Puerto Rico en 1856. El mal manejo de esta pandemia por España exacerbó el sentimiento revolucionario. Lares y Mayagüez fueron los primeros en crear células independentistas y abolicionistas; pueblos claves en la vida de la heroína.

Su segunda boda fue en 1860 con el hacendado cafetalero Miguel Rojas Luzardo, con quien tuvo otra hija. Mariana se mudó de Añasco a Lares. Allí fue vecina de su cuñado Manuel, futuro presidente de la fugaz República de Puerto Rico proclamada en Lares.

De estos años existen testimonios de Mariana ofreciendo clases de alfabetización a las esposas de sus obreros. Vale visibilizar que el matrimonio tuvo al menos un esclavo que "alquilaban" a pesar de su eventual actividad abolicionista. El hombre llamado Marcos le fue dejado en "herencia" por sus padres.

Revolucionaria

"¡Si Carlos V nos viera bordando
la bandera de la libertad!"
Su parodia de una canción mientras cosía banderas
(Citada en 1968, p. 6)

El sentimiento patriótico ya llevaba forjándose, especialmente en los campos y la región oeste (Cabrera Salcedo, 2008; Cancel Sepúlveda, 1985; Moscoso, 2003). Las clases alfabetizadas lo palparon en la literatura mediante el criollismo, movimiento que tuvo su infusión femenina en María Bibiana Benítez y Alejandrina Benítez. También resaltan las obras "El Gíbaro" (1849) de Manuel Alonso, "La peregrinación de Bayoán" (1863) de Eugenio María de Hostos, entre otras.

En 1867, Puerto Rico se enfrentó al huracán Narciso y a un terremoto meses después. El llamado colectivo era a una pausa en el cobro de tributos a la Corona española. Mariana escribió una carta al gobernador colonial Marchessi expresando la apretada situación económica de su hacienda. Ahí le expresó que ella era el sustento de su familia como costurera, ya que su esposo e hijo estaban enfermos.

Ni el gobernador le contestó a Mariana ni España a Puerto Rico, al negarse a reformas legales al sistema esclavista y a la libreta de jornaleros. En 1867, la Corona había ordenado crear una Junta de Información con la promesa de atender las peticiones urgentes de su colonia. Los hombres elegidos de distintas ideologías presentaron su informe pidiendo más poderes soberanos y libertad para esclavizados y jornaleros. El documento fue ignorado. Esto dio más motivos para una revolución.

Mariana y Miguel se unieron a la Junta Centro Bravo Número 2 de Lares, presidida por su cuñado Manuel Rojas. La organización revolucionaria se componía de un alto mando llamado Comité Revolucionario, al que se reportaban las unidades por pueblos, como lo era Centro Bravo.

Al igual que los conspiradores hombres, Mariana adoptó un nombre de batalla: "Brazo de Oro". Por lo tanto, su apodo no nació posterior a coser la bandera sino que lo escogió ella misma al convertirse en revolucionaria. El motivo del origen de este inmortal nombre no está claro pero se puede inferir. Ella era costurera; también su apellido significa "brazo pequeño" en catalán.

El Grito de Lares se adelantó para el 23 de septiembre de 1868, luego de ser descubierto. El Ejército Rebelde salió de la Hacienda Rojas, donde vivía Mariana, a tres millas del pueblo. Allí se le distribuyeron las armas: machetes, lanzas, revólveres y escopetas.

Mariana cumplió el rol de coser banderas para la revolución y la eventual república. Ella y otras miembros de la célula de Mayagüez cosieron varias banderas con distintos diseños, según el historiador Coll y Toste y el investigador Vicente Borges.

Curiosamente, a Mariana no se le enjuició por este acto sino por "poseer las claves de los revolucionarios que fueron halladas" en un baúl de su casa. Si ella era parte de la Junta significaba que participaba de sus reuniones e intercambiaba comunicaciones. Tal vez para el gobierno colonial era imposible pensar que una mujer acaudalada ejerciera un rol más activo.

Sentenciada a cumplir cárcel, Mariana fue prisionera temporalmente en Lares y luego en Arecibo. Allí se destacó por ser portavoz de los demás presos políticos, ya que era una de las pocas personas y mujeres que sabía leer y escribir. La costurera revolucionaria permaneció en la prisión hasta la amnistía decretada por el gobernador el 25 de enero de 1869.

Leyenda

"Brazo de Oro, quien fue en Puerto Rico
la más noble y valiente mujer;
Brazo de Oro, bordó la bandera
que los puertorriqueños sabremos defender".

Luis Lloréns Torres
Himno de Lares (1914)

Mariana dio a luz a una hija a sus 45 años de edad, luego de cumplir cárcel. Su esposo Manuel fue desterrado de Puerto Rico, ya que él dirigió uno de los grupos rebeldes de Lares a San Sebastián. El matrimonio no sobrevivió al suceso histórico.

A sus 50 años, se casó por tercera y última vez con un comerciante aguadillano y regresó a Añasco. La revolucionaria falleció el 25 de febrero de 1903 por problemas neurológicos. Tenía 77 años.

En las eventuales representaciones artísticas visuales y auditivas, como el himno del pueblo de Lares por Luis Lloréns Torres, Mariana es presentada en su rol de costurera, sentada sola y concentrada en su bandera. Esa leyenda tiene verdad pero no es la historia completa.

Debo aclarar como incorrecta la alegación común de que Mariana fue la única mujer en conspirar para el Grito de Lares. Según las listas consultadas por Francisco Moscoso (2003), ella es la única que aparece como miembro en la Junta de Lares. Pero se encuentran tres mujeres más en otros pueblos: María Vázquez y Romana Galindo en Vega Baja y Francisca Brignoni en Juana Díaz. Esta última era una morena libre. El historiador informa que estas listas tampoco están completas, por lo que pudieron haber sido más.

Tampoco debo obviar la participación de Avelina, única mujer negra esclavizada que se ha encontrado listada como participante del Grito (Baralt, 1982). Solo se conoce que era de San Germán. Ella no aparenta ser miembro de Juntas como las mencionadas anteriormente sino una participante rebelde.

"Mariana Bracety fue una de un gran ejército de mujeres que estuvo detrás, delante y al lado de esos caballeros que lucharon por la independencia de Puerto Rico en la gesta de 1868."

Cabrera Salcedo (2008, 51:49)

Mariana Bracety Cuevas se ha convertido en la leyenda de una mujer que colaboró en la revolución de su esposo. Pero la realidad histórica es la de una rebelde que sí asumió su rol de género, a la vez que accionó por la libertad de nuestra nación. Puerto Rico debe recordarla como una de las miles de personas que arriesgaron su vida por la libertad. Y aunque no la consiguieron, sus actos contribuyeron a las libertades civiles que España garantizó a un año del Grito; y la abolición de la esclavitud y la libreta de jornaleros en 1873. Cuando vayas por la carretera 129, de Arecibo a Lares, detente a leer el nombre en el letrero. Y ahora sabrás quien fue esa gran mujer.

¡Nuestra costurera revolucionaria:
BRAZO DE ORO!

Referencias

Baralt, G. A. (1982). *Esclavos rebeldes: Conspiraciones y sublevaciones de esclavos en Puerto Rico (1795-1873)*. Ediciones Huracán.

Cabrera Salcedo, L., & Collado-Schwarz, Á. (Anfitrión). (21 de septiembre 2018). *Mariana Bracety: Entre la tradición y la realidad histórica* (Núm. 300) [Podcast en audio]. Fundación La Voz del Centro. https://www.vozdelcentro.org/300-mariana-bracety-entre-la-tradicion-y-la-realidad-historica/

Cancel Sepúlveda, M. (25 de julio de 1985). *Mariana Bracetti Cuevas: Un perfil y una imagen* [Conferencia]. Añasco.

Lloréns Torres, L. (1914). *Himno de Lares*.

Moscoso, F. (2003). *La Revolución Puertorriqueña de 1868: El Grito de Lares. Cuadernos de Cultura*, (11). Instituto de Cultura Puertorriqueña.

Negrón Muñoz, Á. (1935). *Mujeres de Puerto Rico: Desde el periodo de colonización hasta el primer tercio del siglo XX*. Imprenta Venezuela.

Semblanza de una heroína. (Septiembre de 1968). *Puerto Rico en marcha*, 2(2), Edición del Centenario.

Lola Rodríguez de Tió:
La Borinqueña feminista
y más atrevimientos

> *"Las mujeres indómitas*
> *También sabrán luchar."*
> Lola Rodríguez de Tió
> La Borinqueña (1871 o 1872)

Si te criaste en Puerto Rico, lo más seguro has escuchado el nombre de Lola Rodríguez de Tió. Tal vez conozcas que fue una prolífica escritora de poemas.

La poeta fue autora de nuestro primer himno nacional: La Borinqueña. No nos referimos al actualmente oficial, escrito por Manuel Fernández Juncos; sino al original, hoy conocido como "La Borinqueña Revolucionaria".

Pero la vida de Lola tuvo varias atrevidas facetas que la redefinen como una personalidad histórica que abarca más que la excelente escritora que fue.

Te comparto varios atrevimientos que se han invisibilizado, reduciendo a esta sangermeña al arte femenino y romántico de la escritura. Cada uno será introducido con versos de nuestro himno no oficial, que continúa resistiendo el olvido.

La Borinqueña

"Despierta Borinqueño
Que han dado la señal."
La Borinqueña (1871 o 1872)

Para empezar, ¿sabías que Lola es descendiente directa por vía materna de Juan Ponce de León? En una curiosidad histórica, ella dedicó su vida a la libertad del territorio cuyo "tatara-abuelo" comenzó a colonizar.

La niña Dolores Rodríguez de Astudillo y Ponce de León nació el 14 de septiembre de 1843 en San Germán. La región oeste fue cuna de ideas libertadoras desde al menos 1700 (Moscoso, 2012). La identidad nacional separada de España comenzó a surgir, a la vez que la distancia del poder colonial en San

Juan hizo más visible la explotación colonial. Esta mentalidad independiente también era alentada porque esa lejanía del partido de San Germán dejaba abierta la puerta al contrabando, a piratas y a ataques de otros imperios.

En ese ambiente se crió la niña mejor conocida como "Lola". Desde pequeña, sus intereses sobrepasaban lo que la educación de la era le brindaba a las mujeres, aún a una joven acomodada como ella (Tió, A. 1971; Tió, E. 2023). Sus padres alentaron este hambre de conocimiento mediante tutores en casa con énfasis en la educación libertaria, típica de las ideas revolucionarias del momento en su pueblo y a ambos lados del Atlántico.

A sus 20 años, Lola se casó con el dueño de periódicos Bonocio Tió Segarra, otra persona que alentó su creciente talento por la escritura e inquietud por las injusticias que herían a nuestra nación. Fue ella quien realizó el acercamiento abierto y directo al periodista, demostrando su desapego a las normas de género.

Las letras de Lola y la crítica de Bonocio al gobierno fueron las razones detrás de los varios exilios que sufrió la pareja. Este compromiso social con Puerto Rico se refleja en el apodo de su primera hija: Patria.

Al conocer el inicio de su vida, no es de sorprendernos que colocara su talento poético a favor de la libertad, especialmente hacia su patria y la educación de las mujeres. Estos ideales se reflejan en esta estrofa de su recordada "La Borinqueña":

"Ya no queremos déspotas,
caiga el tirano ya,
las mujeres indómitas
también sabrán luchar."

Puerto Rico tiene el honor histórico de que su himno nacional fue escrito por una mujer, cuya letra además menciona explícitamente a las puertorriqueñas en su carácter luchador. Nuestra educación colonial y patriarcal ha escondido este dato progresista por más de un siglo.

La revolucionaria pro-mujer

*"Nosotros queremos la libertad
Nuestro machete nos la dará."*

La Borinqueña (1871 o 1872)

Cuando hablo de los atrevimientos de Lola me refiero a más que su autoría de nuestro primer himno con su feminista estrofa, ya de por sí una rebeldía suficiente frente al gobierno colonial.

La patriota mostró sus ideales a favor de las mujeres al pronunciar en 1886 el discurso "La educación de la mujer" en el Instituto Clementina Albeniz para preparar maestras. Allí dijo: "Uno de los principales motores del progreso moral en la época que alcanzamos es la educación de la mujer" (Citada en Valle Ferrer, 2008, p. 319). Ella también escribió artículos periodísticos rechazando la idea de que instruir formalmente a las mujeres fuese detrimental para el orden social. Uno de estos se tituló "La influencia de la mujer en la civilización", publicado en *El Eco de las Lomas* en 1875.

Ha de comprenderse que Lola rechazó ser feminista, al menos en la acepción en que entendió el término en su época (Tió, 2023). Ella creía que la educación llevaría a la equidad de género pero bajo un concepto de autogestión, no en el reconocimiento de un mundo desigual por diseño.

Eso sí, la poeta se movía en los círculos liberales y revolucionarios a la par que sus colegas hombres. Por ejemplo, fue la madrina de bodas de Eugenio María de Hostos (Tió, A. 1971). José de Diego le expresó directamente que deseaba que fuera ella quien izara la nueva bandera nacional por primera vez. Además, intercambiaba correspondencia con Ramón Emeterio Betances, con quien conversaba sobre los triunfos y derrotas revolucionarias (Estrade & Ojeda Reyes, 2013).

Con estos datos no quiero presumir que una mujer histórica tiene valor por el reconocimiento que recibió de hombres próceres. Deseo mostrar cómo Lola ocupó su espacio en igualdad a ellos durante los quehaceres libertarios de la convulsa época.

Un legado de Lola para la historia feminista del país fue la educación de su propia hija: Patria. La joven se convirtió en 1892 en la primera mujer puertorriqueña que se conoce en lograr un Doctorado en Filosofía y Letras (Barceló Miller, 1997). Patria obtuvo su grado en la Universidad de la Habana, donde vivió su familia; Puerto Rico no tenía una universidad todavía. Ella se convirtió en defensora de la educación de las mujeres, reclamándolo así en un discurso durante la actividad que su pueblo natal, San Germán, le organizó para celebrar su graduación.

La patriota en la renuncia del gobernador

> *"Ya no queremos déspotas*
> *Caiga el tirano ya."*
> La Borinqueña (1871 o 1872)

En 1887, Puerto Rico se encontraba bajo el tiránico gobernador Romualdo Palacio González (Tió, A. 1971; Tió, E. 2023). El déspota encarceló a 16 miembros de alto rango del Partido Autonomista en El Morro por boicotear negocios españoles en favor de los puertorriqueños. Lola utilizó el poder de su reconocimiento artístico y político para ejercer presión pública en las Antillas y Madrid.

Palacio González fue despedido mediante un cable submarino directamente desde España. Pero faltaba la excarcelación de los patriotas. Lola vivía en San Juan y se comunicaba con los presos clandestinamente. Ellos le pidieron intervención y ella le pidió audiencia al gobernador interino, Juan de Contreras Martínez.

Contreras Martínez se reunió con Lola para reprocharle un brindis en el Ateneo Puertorriqueño en el que recitó su famoso verso independentista: "Cuba y Puerto Rico son de un pájaro las dos alas". Ella aprovechó la ocasión para denunciar la represión a sus compatriotas como ejemplo del lado "egoísta" de España. Le expresó: "Vengo ante esta injusticia dispuesta a seguir su suerte" (Citada en Tió, E., 2023, p. 45).

El gobernador le dio la mano y la invitó a recitar poemas en La Fortaleza. Ella le rechazó mientras continuara el aprisionamiento; él le respondió que pida lo que desee. Finalmente, Contreras ordenó la libertad de todos una Noche Buena como un "aguinaldo" prometido a ella.

La solidaridad de Lola resalta porque ella no era autonomista; era independentista. Pero ante la injusticia decidió enviar comida a los calabozos, donde dentro del pan intercambiaba cartas clandestinas con los patriotas para conocer sobre su bienestar. El prisionero Ramón Marín la nombró: "el ángel de los presos" (2023, p.11).

Los liberados hombres quedaron para siempre agradecidos. Testimonio de ello fue el acto de pegar estas cartas a las paredes de las celdas. Una de ellas era de Román Baldorioty de Castro, líder autonomista preso, y lee: "Gracias, querida Lola, gracias por tus esfuerzos nobles, independientes y generosos en favor de la Justicia. Tu amigo agradecido" (Citado en Tió, A., 1971, p. 115).

Lola respondió a la carta de otro patriota, Pedro María Descartes, con esta aseveración: "Feliz me llamaría si con mi cariño puesto en acción pudiera dulcificar las horas amargas que mis hermanos están pasando" (p. 117).

La valentía de Lola no quedó impune. Su esposo Bonocio fue alertado tan pronto ella realizó el mencionado brindis en el Ateneo para que abandonara el país por su protección.

La sangermeña exiliada

"Vámonos, Borinqueños,
Vámonos ya.
Que nos espera ansiosa,
Ansiosa la libertad."
La Borinqueña (1871 o 1872)

Lola volvió a colaborar en los esfuerzos independentistas, esta vez en Cuba (Tió, A. 1971; Tió, E. 2023). El matrimonio no volvería a vivir en Puerto Rico. La patriota lideró una entidad de apoyo al

Ejército Libertador Cubano, ejerciendo diplomacia para recoger fondos, armas y medicinas. La casa familiar se convirtió en punto de reunión para hablar de Puerto Rico, incluyendo el debate sobre la adopción de la próxima bandera luego de fracasar el Grito de Lares. Debido a su reconocimiento intelectual, fue nombrada inspectora de escuelas y miembro de la Academia Nacional de las Artes.

Luego de la invasión estadounidense, la sangermeña pudo visitar a un Puerto Rico que la honró en vida con actividades culturales. Un dato curioso: Durante un evento en honor a Lola en el Ateneo Puertorriqueño dijo presente el compositor Fernández Juncos. El poeta fue quien escribiría La Borinqueña que adoptó el Estado Libre Asociado para menguar el aspecto libertario de la original.

Lola murió un 10 de noviembre de 1924 en La Habana, donde continúa descansando. San Germán le erigió una tumba simbólica en el casco urbano.

"Mientras más cautiva, más altiva."
Respuesta a amenaza del gobernador colonial
(Citada en Tió, 1971, p. 104)

Los atrevimientos de Lola Rodríguez de Tió fueron los de una mujer educada y acomodada que utilizó su innegable talento hacia el adelanto de nuestra sociedad. No cabe duda que su posición social le ayudó a ser celebrada en vida y recordada en muerte. Lola tuvo una familia y un esposo que alentaban sus ideas y su talento. Esto era inusual en el siglo XIX, y lamentablemente lo sigue siendo para muchas mujeres sin importar el nivel socioeconómico. Puerto Rico debe recordarla como una de sus insignes poetas. Y también como una patriota que formó parte del movimiento independentista en igualdad con otros grandes hombres.

¡Recordemos a la Borinqueña:
LOLA!

Referencias

Barceló Miller, M. de F. (1997). *La lucha del sufragio femenino en Puerto Rico (1896-1935)*. Centro de Investigaciones Sociales y Ediciones Huracán.

Capetillo Perone, L., & Valle Ferrer, N. (Eds.). (2008). *Mi patria es la libertad: Obras completas*. Proyecto de Estudios de las Mujeres, Universidad de Puerto Rico en Cayey.

Estrade, P., & Ojeda Reyes, F. (2013). *Ramón Emeterio Betances: Obras completas: Escritos políticos, correspondencia relativa a Puerto Rico* (Vol. V). Ediciones Puerto.

Moscoso, F. (2012). *La sublevación de los vecinos de Puerto Rico, 1701-1712*. Ediciones Puerto.

Rodríguez de Tió, L. (1871 o 1872). *La Borinqueña*.

Tió, A. (31 de diciembre de 1971). Semblanza de Lola Rodríguez de Tió. *Boletín de la Academia Puertorriqueña de la Historia, 2*(7), 99-120.

Tió, E. (2023). *Lola Rodríguez de Tió: Una vida entrelazada entre el patriotismo y la poesía*. Editorial EDP University.

Dominga de la Cruz Becerril:
La olvidada heroína de la Masacre de Ponce

*"Fue la bandera caída en Ponce
y alzada en Ponce otra vez entre mis manos."*
Dominga de la Cruz Becerril
(Citada en Randall, 1979, p. 108)

El 21 de marzo de 1937 ocurrió el suceso de represión de Estado más sangriento en la historia puertorriqueña: la Masacre de Ponce.

Esta injusta página en nuestros libros tuvo una protagonista que raramente se menciona pero que indiscutidamente es merecedora de un sitial en nuestra memoria nacional.

Su nombre fue Dominga de la Cruz Becerril. Esta mujer afroboricua sufrió una cruel juventud, lamentablemente común en el Puerto Rico de principios de siglo XX.

Sin embargo, su valentía le inyectó dignidad a un día elegido para humillar a nuestro pueblo. Te presento la vida de una heroína que corrió hacia el tiroteo para evitar que la bandera puertorriqueña cayera al suelo.

Joven, madre y obrera

"Yo no entendía la lucha de clases, pero sí entendía la miseria. Claro, tal vez creía que era problema 'mío'... Pero yo era rebelde por naturaleza (...) Todo lo terrible que pasaba la mujer en esa etapa, yo también la pase. La mujer tenía que buscar marido para poder comer."
(Citada en Randall, 1979, p. 25)

La niña Dominga nació un 22 de abril de 1891 en el barrio Buenos Aires de Ponce, siete años antes de la invasión estadounidense a Puerto Rico (Jiménez de Wagenheim, 2016). Durante su cuarto grado quedó huérfana de ambos padres; fue acogida por su madrina en Mayagüez, quien a su vez falleció al poco tiempo.

A temprana edad se vio forzada a trabajar como costurera, al igual que otras tantas niñas y mujeres puertorriqueñas durante el siglo XX. El poco salario que recibía la mantuvo bajo niveles de pobreza, aún cuando su jornada laboral a veces culminaba a las 2:00 am.

La industria de la aguja había llegado a Puerto Rico en 1917 para huir de las crecientes protecciones laborales en el este de Estados Unidos (Silvestrini, 1998). Eso significó la explotación laboral de mujeres y niñas que trabajaban en fábricas insalubres o en su casa por contrato. Otra columna en este libro expande sobre la experiencia de mujeres costureras, incluyendo palabras de Dominga.

La joven adulta se casó y tuvo dos hijas. Ambas murieron de hambre: Ana Luisa a sus 12 años y María Teresa a los cuatro o cinco. Dominga cuenta que solo tenía dinero para alimentarlas con té de naranja y leche. Su esposo la abandonó en ese tiempo y terminó el matrimonio que aceptó por supervivencia, no por amor.

Nuestra obrera comenzó a trabajar como lectora en la industria tabacalera. Este oficio estaba reservado en las grandes empresas ausentistas para la minoría que sabía leer (Torres, 2004). Creada para entretener al obrero en su faena, esta posición fue utilizada con más conciencia por mujeres históricas como la feminista y sindicalista Luisa Capetillo Perone.

Fue en ese lugar y momento, llena de duelo, soledad y hambre, que Dominga leyó noticias sobre el líder nacionalista Pedro Albizu Campos.

Nacionalista y feminista

"Me hice líder, ya no había más remedio, ya no podía volverme atrás."
(Citada en Randall, 1979, p. 41)

Dominga comenzó su activismo yendo a escuchar a Albizu Campos en un encuentro del Partido Nacionalista en Mayagüez (Jiménez de Wagenheim, 2016). Allí sintió un nuevo propósito y tomó el juramento para convertirse en miembro.

Pero aún en la organización política, Dominga vio la segregación de labores por motivo de género. Le fue asignada la encomienda de organizar a las mujeres nacionalistas en Mayagüez. Ella realizaba trabajo político como escribir en periódicos, reclutar nuevos miembros, distribuir propaganda, planificar reuniones y hablar en asambleas.

Una de sus aportaciones fue redactar la moción de crear un Cuerpo de Enfermeras, rama femenina del Partido, en una Asamblea en Caguas (Dávila Marichal, 2014). La medida fue aprobada unánimemente, reemplazando el nombre de "Las Hijas de la Libertad" y dándole una misión en la eventual Revolución.

Dominga fue nombrada directora del Cuerpo en Mayagüez. Aunque mujeres como ella lo vieron como un paso para participar más activamente, la realidad es que el Partido tenía una jerarquía masculina, las mujeres iban a cuidar a los heridos y marchaban detrás de los hombres.

Heroína

"¡Todavía hoy a veces nosotras tenemos que pelear por nuestro derecho a luchar!"
(Citada en Randall, 1979, p. 50)

Su cita con la inmortalidad llegó el Domingo de Ramos de 1937. Dominga subió a un autobús de Mayagüez hacia Ponce, ciudad natal suya y de Albizu Campos, para conmemorar el Día de la Abolición de la Esclavitud y exigir la libertad del líder y siete patriotas. Puerto Rico estaba bajo la gobernación de Blanton Winship, impuesto por Estados Unidos con la misión de eliminar la amenaza a sus intereses que representaba el independentismo militante. La propia casa de Dominga había sido registrada en dos ocasiones.

La marcha pautada frente a las oficinas del Partido Nacionalista fue recibida con "policías armados con carabinas, ametralladoras Thompson, revólveres y bombas lacrimógenas" (Carbonell Ojeda, 1985, p. 109). Al llegar, Dominga se sorprendió por la cantidad de agentes y se enteró que el gobierno había revocado el permiso para marchar esa misma mañana (Jiménez de Wagenheim, 2016). Ante el inminente peligro, el Partido no quería dejar marchar a las mujeres y a la niñez. Dominga insistió en que el Cuerpo de Enfermeras debía participar y se colocó en su posición.

Como estaba previsto, se comenzó a tocar La Borinqueña y se dio la orden de marchar. Sonó un disparo en algún lugar y la Policía abrió fuego. El ambiente era tan cercano y tenso que Dominga recordó oír cuando los policías quitaron la seguridad de sus ametralladoras.

En medio de la conmoción, Dominga vio cuerpos caer y personas intentando escapar del gas lacrimógeno. Fatigada, advirtió la bandera cayéndose debido a que la abanderada Carmen Hernández fue asesinada. Ahí recordó que Albizu Campos decía: "La bandera no toca el suelo" y corrió hacia la monoestrellada manchada de sangre. El peso del asta casi la tumba pero otra mujer la ayudó a continuar corriendo para encontrar refugio.

El testimonio de Dominga dejó claro que hubo familias acaudaladas que cerraron las puertas de sus casas para no acoger víctimas nacionalistas. El grupo donde estaba se abrazó contra la pared de una vivienda esperando la muerte pero un joven saltó el muro y logró abrir la puerta desde adentro. Al poco tiempo, llegó la Policía a arrestarles luego de ser llamados por la dueña.

A pesar del heroísmo de personas como Dominga, ese día fueron asesinados 21 boricuas, incluyendo una niña de 13 años llamada Gregoria (Carbonell Ojeda, 1985). Las personas heridas se estimaron en más de 200.

Sobreviviente

"¡Yo nunca más he vuelto a ser joven desde ese momento, jamás he vuelto a tener esa alegría juvenil!"
(Citada en Randall, 1979, p. 108)

El gobierno colonial alegó que la Policía Insular respondió a disparos de nacionalistas que hirieron a policías. Once miembros del Partido Nacionalista fueron acusados por la muerte de dos agentes.

Ante la insistencia de líderes boricuas, siete semanas después se realizó una investigación independiente conocida como la Comisión Hays, por la cual conocemos el recuento de sobrevivientes (Jiménez de Wagenheim, 2016). La misma concluyó que el acto fue promovido y encubierto por el propio gobierno colonial estadounidense.

El investigador le preguntó a Dominga: "¿Y por qué si usted estaba en peligro de muerte, recogió esa bandera en vez de irse a salvar la vida?". Ella le respondió: "Porque mi maestro (Albizu Campos) me enseñó que la bandera de la patria nunca debe caer al suelo." (Citada en Randall, 1979, p. 50)

Poeta

"La lucha endurece la persona, la prepara para pisar firme sobre la tierra."
(Citada en Randall, 1979, p. 79)

La vida de Dominga quedó permanentemente marcada por los sucesos de Ponce. Ella fue presa por una noche pero sus abogados lograron ganar su caso eventualmente. Su salud mental se vio afectada pero se refugió en la poesía que su madrina le había inculcado.

Aun así continuó siendo perseguida, al igual que la mayoría del independentismo. Esto le imposibilitó vivir de su arte y la llevó al exilio; primero a Cuba (1942), luego a México (1945) y finalmente de regreso a Cuba (1961). Dominga visitó Nueva York para ver a Albizu Campos en su convalecencia y allí le pidió que le recitara varios poemas. También recitó en *Columbia University*.

Su amistad con personas como Laura Meneses del Carpio (científica y esposa de Albizu Campos) le abrió puertas para refinarse como poeta. También participó en reuniones con intelectuales revolucionarios como Ernesto "Che" Guevara y Fidel Castro Ruz. Al ganar la Revolución Cubana, fue invitada a refugiarse allí luego de participar en una conferencia a su favor en México y presentar una moción a favor de la independencia de Puerto Rico.

Dominga se dedicó por dos décadas a enseñar poesía a obreros de La Habana. Mantuvo correspondencia con líderes nacionalistas como el poeta Juan Antonio Corretjer Montes. También llevó la causa de Puerto Rico a la Unión Soviética donde denunció el colonialismo, la inscripción obligatoria al ejército y la esterilización forzosa de las mujeres.

"Estoy agradecida a la lucha, ya no tengo más nada que esperar, a no ser cada día la libertad de mi pueblo."
(Citada en Randall, 1979, p. 79)

A Dominga le traumatizaba recordar los cuerpos caídos de tantas personas, aunque ocasionalmente era invitada a reuniones políticas para hablar sobre su experiencia. Ella visitó su patria por última vez en 1976 pero no deseó quedarse al no gustarle el rumbo que Puerto Rico había seguido, especialmente el consumerismo americanizado y desmedido. Según una carta a Corretjer Montes (1963), Dominga prefirió el modelo socialista cubano al comparar sus programas sociales con las muertes de sus crías por no tener dinero para comida.

Dominga murió en 1981 a sus 72 años luego de un padecimiento cardiaco. Sus últimos años pudo vivir de su pensión y se congregaba con otros artistas en el Parque Lenín de La Habana.

La autora Jiménez de Wagenheim no encontró anuncios de la muerte de Dominga en Puerto Rico, solo una eulogía del Presidente del Partido Nacionalista.

Es nuestro deber como boricuas recordar a quien no dejó caer nuestra monoestrellada ante la humillación del colonizador. ¡Su nombre es **DOMINGA!**

De igual manera, ante la represión del Estado: **¡PROHIBIDO OLVIDAR!**

Referencias

Carbonell Ojeda, S. (1985). La masacre de Ponce (Parte I). *Revista Ceiba*, 9(14), 107–117.

Dávila Marichal, J. M. (2014). Metamorfosis: De las Hijas de la Libertad al Cuerpo de Enfermeras de la República del Partido Nacionalista de Puerto Rico, 1932–1937. *Memorias del Tercer Coloquio* (Tercera parte). Asociación Puertorriqueña de Investigación de la Historia de Mujeres. http://senriquezseiders.blogspot.com/p/blog-page_17.html

De la Cruz Becerril, D. (30 de abril de 1963). Carta de Juan Antonio Corretjer. La Habana, Cuba. Copia consultada en Casa Corretjer por O. Jiménez de Wagenheim.

Jiménez de Wagenheim, O. (2016). *Nationalist heroines: Puerto Rican women history forgot, 1930s–1950s*. Markus Wiener Publishers.

Randall, M. (1979). *El pueblo no sólo es testigo: La historia de Dominga*. Ediciones Huracán.

Silvestrini de Pacheco, B. (1979). La mujer puertorriqueña y el movimiento obrero en la década de 1930. *Cuadernos de la Facultad de Humanidades de la Universidad de Puerto Rico*, 3, 83–92.

Torres-Rosario, W. (6 a 12 de mayo de 2004). Juana Colón y la lucha obrera en el Comercio del Siglo XX. *Rojo, Claridad*. https://claridadpuertorico.com/la-lectura-en-las-fabricas-de-tabaco/

Blanca Canales Torresola:
La trabajadora social vuelta revolucionaria

"Tenemos que continuar aunque nos tome 100 años."
Blanca Canales Torresola
(Citada en *Ecumenical Peace Institute*, s.f.)

La imagen ha pasado a ser histórica por el impacto que provoca su aparente contradicción. Una mujer mayor vestida en típica bata de abuela con su mirada fija y en ambas manos, alzado con fuerza, un rifle.

Ella es Blanca Angelina Canales Torresola, una pionera de la profesión del trabajo social en Puerto Rico que terminó convirtiéndose en co-líder de una revuelta anticolonialista.

¿Qué provocó que la vida de esta profesional jayuyana tomara este giro? La historia de Blanca refleja las condiciones del país mismo. Y es un antídoto para la falsa creencia de que la población boricua es dócil.

"La hermana de..."

"Mamá era una mujer moderna y hasta se permitía tener ideas contrarias a las de papá."
(Citada en *Ecumenical Peace Institute*, s.f.)

Blanca nació un 17 de febrero de 1906 en el pueblo de Jayuya. Ella se crió en el seno de poetas y líderes del Partido Unión: su padre fue Rosario, uno de los fundadores y primer alcalde del pueblo, y sus hermanos fueron los legisladores Nemesio y Mario.

La familia Canales vivía en una hacienda del valle Coabey (Marín Torres, 2022). Al lado se encontraba la casa de su familia materna, los Torresola. Varias familias desplazadas por las grandes empresas azucareras construyeron viviendas en sus terrenos "para que los cultivaran" (p. 44). La biblioteca del hogar estaba abierta para la niñez del barrio, al igual que sus terrenos para el equipo de pelota local.

A todas luces, Blanca creció en un hogar donde se alimentaba el debate intelectual sin distinción de género.

Blanca tenía 17 años cuando Consuelo, la matriarca, asumió las riendas completas de la crianza ante la muerte de Rosario (Jiménez de Wagenheim, 2016). La familia se mudó a Ponce, donde continuaron participando de reuniones políticas.

La joven sentía un propósito libertario al leer sobre mujeres históricas como Juana de Arco, de quien llevaba una foto en sus eventuales actos nacionalistas. Si bien ya conocía el independentismo, el Partido de sus padres había optado por buscar reformas primero.

El llamado revolucionario la alcanzó en 1930, al escuchar hablar en la Universidad de Puerto Rico (UPR) al recién electo presidente del Partido Nacionalista: Pedro Albizu Campos. Blanca se presentó a la oficina del Partido en Río Piedras donde el líder la reconoció como la "hermana de Nemesio", a quien había conocido. La joven se adentró en el movimiento y creó confianza con la familia Campos Meneses.

Trabajadora Social

"Mi contacto con ese pueblo sufrido, que yo llegué al convencimiento que todo trabajo social es un paliativo para sostener esta colonia y que la gente no se sublevara."
(Citada en Burgos Ortiz, 1998, p. 54)

Al graduarse de Ciencias Sociales en la UPR, Blanca fue escogida para pertenecer al primer grupo de trabajadoras sociales de Puerto Rico en 1928 (Burgos Ortiz, 1998). Para ello fue referida por el alcalde de su pueblo debido a su buen desempeño académico y, sin duda, al privilegio de sus apellidos.

Las décadas de 1920 y 1930 fueron muy fuertes para Puerto Rico, Estados Unidos (EEUU) y el mundo debido a la Gran Depresión. La situación era más aguda en nuestro archipiélago debido a la economía colonial impuesta basada en el monocultivo de azúcar. Las industrias ausentistas explotaron la mano de obra puertorriqueña y desplazaron de sus terrenos a miles de familias. La situación se agravó con el azote de dos huracanes en corto tiempo: San Felipe (1928) y San Ciprián (1932).

El gobierno estadounidense intentó remediar la agitación social que surgió aquí y en su propio país. Las reformas del "Nuevo Trato" del presidente Franklin D. Roosevelt significaron para Puerto Rico la creación de dos agencias de programas de bienestar que emplearon trabajadoras sociales: *Puerto Rico Emergency Relief Administration* (PRERA) y *Puerto Rico Reconstruction Administration* (PRRA).

El primer trabajo de Blanca fue como enlace comunitario para un estudio de parasitismo intestinal de la Escuela de Medicina Tropical (hoy Recinto de Ciencias Médicas). Luego, trabajó en el Programa de Asistencia Económica en San Juan y regresó a Jayuya a trabajar en la escuela Segunda Unidad Rural con un enfoque de organización comunitaria y autogestión. Para estos trabajos tenía que viajar sola a caballo, lo que demuestra desafío a los roles de género imperantes.

Blanca trabajó con la pobreza extrema y sus recursos se limitaban a la beneficencia privada, ya que los programas sociales todavía no habían sido implementados. Su labor le logró un ascenso a directora del Distrito de Ponce de estas escuelas, puesto para el que Albizu Campos le ofreció referencias de amistades respetadas en ese pueblo.

Para la década del 1940, la División de Bienestar Público (hoy Departamento de la Familia) sí fue implementando los programas sociales del Nuevo Trato. Blanca expresó su frustración ante la lenta burocracia que no atacaba la raíz: el colonialismo.

Revolucionaria

"Desdoblé la bandera, agarrándola por el triángulo azul (...) La ondeé muchas veces y grité ¡Viva Puerto Rico libre! e invité a la gente de abajo a unirse a la Revolución."
(Citada en Jiménez de Wagenheim, 2016, p. 62, Traducción propia)

Para 1940, Blanca estaba inmersa en el Partido Nacionalista y fue miembro de sus grupos de mujeres: Las Hijas de la Libertad y El Cuerpo de Enfermeras. Ella ejerció como trabajadora social hasta 1950, cuando pidió una licencia sin sueldo para dedicarse a la finca heredada de su madre fallecida en 1937. Ya era una de las personas de confianza de Albizu Campos, quien había sido huésped en su finca al salir de prisión en 1947. El revolucionario necesitaba un espacio para protegerse de la persecución imperante, que escalaría. En 1948 se aprobó la Ley de la Mordaza y luego la Ley 600 en 1950, que permitió redactar la constitución de un "nuevo" estatus colonialista que sería llamado Estado Libre Asociado (ELA).

Fue aquí que llegó el momento histórico. Bajo órdenes del Partido, se creó un campamento revolucionario en los bajos de la casa Canales (Jiménez de Wagenheim, 2016; Marín Torres, 2022). Allí se guardaron armas y dormían los cadetes nacionalistas siendo entrenados. Este escenario estaba ocurriendo en varios pueblos de Puerto Rico.

El 28 de octubre de 1950 el gobierno comenzó a arrestar nacionalistas acusándolos bajo la Ley de la Mordaza por un motín de una cárcel en Río Piedras. El liderato del Partido no quiso esperar más. Blanca recibió la orden y regresó a su hogar para disfrutar lo que sabía serían sus últimos días como mujer libre en mucho tiempo, en caso de fracasar y quedar viva. Ella expresó luego que sabía que la rebelión sería un acto de dignidad ante una derrota casi asegurada.

Al mediodía del 30 de octubre de 1950, las juntas nacionalistas de diversos pueblos acordaron tomar sus pueblos por la fuerza para denunciar la legalización de la colonización mediante la "farsa" del ELA. A Jayuya llegaron noticias del comienzo de los disturbios en otros lugares y Blanca se ajoró a juramentar a los cadetes reunidos en defensa de la bandera.

Desde la finca, la mujer salió con sus compañeros para tomar los edificios públicos de Jayuya y luego continuar en Utuado. Ella se dirigió a la oficina de teléfonos para incomunicar a las autoridades; otros grupos bloquearon las entradas al pueblo con barricadas y ocuparon el cuartel municipal para quemar las tarjetas de reclutación obligatoria de puertorriqueños para la guerra de Corea.

Blanca subió al segundo piso del Hotel Riverside a hablarle a las personas en la calle. Allí la encontró el nacionalista Heriberto Marín Torres teniendo "en una mano la bandera de Puerto Rico y en la otra una pistola" (2022, p. 75). El joven le anunció la caída de Carlos Irizarry en el cuartel. Esto la hizo dejar la bandera y la pistola con el resto para llevarlo al hospital de Utuado. Fue arrestada por un bloqueo policial de regreso a Jayuya.

Su propio testimonio cuenta que uno de los policías que la arrestó llamó a San Juan y anunció la captura de "una líder" (Jiménez de Wagenheim, 2016). Ella se sorprendió, ya que no se autodenominaba así y el Grito de Jayuya fue liderado por tres personas. Los agentes profirieron amenazas de muerte e insultos en camino a la prisión de Ponce.

La Revolución aguantó la represión hasta el dos de noviembre, cuando la aviación estadounidense bombardeó varios pueblos. Los nacionalistas que resistieron el avance se ocultaron en el mismo Valle Coabey que conocían bien.

Blanca y el resto enfrentaron cargos en dos jurisdicciones. El gobierno estadounidense la acusó de destrucción de propiedad (las tarjetas de inscripción), por lo que fue convicta a pesar de que ella no era parte del grupo que fue al correo. El gobierno estatal la acusó de matar a un policía y herir a otros tres, en adición a la Ley de la Mordaza.

Blanca decidió ser juzgada y recibir la misma suerte que el resto de sus compañeros, a pesar de que era demostrable que ella no disparó. La sentencia también fue "culpable".

Un momento de dignidad ocurrió durante su juicio estatal. Uno de sus abogados intentó alabar la bandera estadounidense para obtener el favor del juez. Blanca regañó a su propio licenciado y le prohibió que usara la bandera de otro país para defenderla cuando ella prefería la propia.

Prisionera política

"El indulto decía que se me ponía en libertad porque estaba enferma, era ya anciana y no habían podido rehabilitarme. Esto último significaba que no habían podido cambiar mis convicciones en cuanto a la práctica nacionalista y la lucha libertaria."
(Citada en *Ecumenical Peace Institute*, s.f.)

Blanca pasó 17 años en prisiones de Puerto Rico y Estados Unidos.

Durante ese tiempo escribió su historia titulada "La Constitución es la Revolución" y se destacó como maestra, bibliotecaria, traductora y costurera. A lo largo de toda su sentencia, su correo era abierto, traducido y enviado al *Federal Bureau of Investigations* (FBI).

El encierro le afloró una condición cardiaca pero no la detuvo de protestar abusos. En una ocasión realizó una protesta cuando una compañera fue ordenada a hablar en inglés.

La trabajadora social perdió su trabajo y su licencia profesional de por vida por orden del gobierno, del Colegio de Trabajo Social y la Junta Examinadora (Burgos Ortiz, 1998). Un pequeño grupo de trabajadoras sociales la acompañó y trabajó por su excarcelación, encabezadas por Carmen Rivera de Alvarado, quien hoy nombra el edificio de Ciencias Sociales de la UPR.

Inmortal

"Desde Bayamón, Puerto Rico les saluda una que estuvo 17 años presa por el único delito de amar su patria."
(Citada en *Pa'lante*, 1970, p. 9)

Blanca tenía 61 años y estaba muy limitada debido a sus enfermedades cuando fue indultada en

1967. Aunque fue visitada por familiares y amistades, rara vez volvió a participar de actividades políticas públicas. El gobierno continuó vigilando cada paso suyo.

La jayuyana continuó firme en su convicción libertaria y en mostrar apoyo a organizaciones que luchaban. Esto lo confirma una carta al periódico "Pa'lante" del *Young Lords Party*, grupo revolucionario de la diáspora, donde les invita a ejercer presión por Puerto Rico en la sede de las Naciones Unidas (1970). En el texto es palpable la actualidad de su pensamiento al mencionar las injusticias coloniales de la década. Por ejemplo, la esterilización masiva de puertorriqueñas sin su consentimiento y el desahucio de la población de Culebra por la marina estadounidense.

Blanca no volvería a pisar la finca familiar que ofreció a la libertad patria y que había caído en abandono durante su ausencia. Sin embargo, pudo atender a la inauguración del Museo Canales localizado en sus predios y restaurado por sus compueblanos. El mismo se puede visitar hoy.

La heroína murió a sus 90 años, un 25 de julio de 1996, día que se conmemoraba lo que ella repudió: la invasión estadounidense y el Estado Libre Asociado.

A pesar de su gesta, según la investigadora Jiménez de Wagenheim (2016) las entrevistas realizadas a ella se solían enfocar en su opinión sobre líderes hombres de la Revolución y no en su propias acciones.

Que esta columna sirva al esfuerzo de inmortalizar su nombre y su valentía, como la Juana de Arco que tanto admiró.

¡Nombra a la heroína de Jayuya: BLANCA!

Referencias

Burgos Ortiz, N. M. (1998). *Pioneras de la profesión de trabajo social*. Publicaciones Puertorriqueñas.

Canales, B. (14 de octubre de 1970). *Mensaje de una compañera revolucionaria*. Pa'lante, 2(14), 9.

Ecumenical Peace Institute (s.f.). *Entrevista con Blanca Canales*. Traducción por B. Canales. https://www.peacehost.net/WhiteStar/Voces/canales.html

Jiménez de Wagenheim, O. (2016). *Nationalist heroines: Puerto Rican women history forgot, 1930s-1950s*. Markus Wiener Publishers.

Marín Torres, H. (2022). *Coabey: El valle heroico*. Editorial Patria.

Lolita Lebrón:
Tres legados de la revolucionaria

"Doy la vida por mi patria."

Lolita Lebrón Sotomayor
Carta en su cartera (1 de marzo de 1954)

El 2 de marzo de 1954 la portada del *New York Times* leyó que "una mujer y sus cómplices" habían tiroteado el día anterior la Cámara de Representantes de Estados Unidos exigiendo la liberación de Puerto Rico.

La misma mujer apareció en otra portada 50 años más tarde, esta vez de la *Washington Post Magazine*, con el titular "Cuando el terror usó lápiz de labio" (22 de febrero de 2004, Traducción propia).

Era Dolores "Lolita" Lebrón Sotomayor, quien retó la narrativa dominante de dos maneras. Para el imperialismo, una poeta-costurera de Lares se enfrentó a balazos al imperio de su nación. Para el machismo, una mujer dirigió a tres hombres que presentaron dudas en el último instante.

Te presento tres legados que la revolucionaria Lolita le dejó a las luchas de liberación.

1. Líder y dueña de sus actos

"Yo soy responsable de todo."
Carta en su cartera, 1 de marzo de 1954
(Citada en Ribes Tovar, 1974, p. 137)

Lolita fue una de miles de boricuas que emigraron del campo (Lares) al este de la metrópolis (Nueva York) a principios del siglo XX. Y como muchas mujeres latinas, trabajó de costurera para fábricas que explotaban a las minorías excluidas de la enorme riqueza de la ciudad (Jiménez de Wagenheim, 2016).

Estas condiciones despertaron su conciencia política mientras el Partido Nacionalista buscaba atraer la atención mundial de vuelta al caso de Puerto Rico en la recién creada Organización de las Naciones Unidas (ONU).

En 1953, la ONU le creyó a Estados Unidos que el Estado Libre Asociado era el fin del colonialismo mediante un ejercicio de autodeterminación. Como esto significaba que la comunidad internacional dejaría de ver nuestro caso colonial cada año, el Partido Nacionalista eligió hacer una demostración armada donde no se pudiera ignorar: el Congreso que ejerce poder plenario sobre nuestro territorio.

La líder de ese ataque fue una costurera lareña: Lolita. Nos referimos a ella como líder ya que uno de sus compañeros ese día, Rafael Cancel Miranda, expresó que hubo dudas de último minuto ante las condiciones desfavorables del día y afirmó que fue Lolita quien dijo que si ellos no iban, ella iría sola. Además, aunque tanto la Policía como sus compañeros coincidían en que ella había disparado para el techo sin herir a nadie, no pidió trato distinto.

Lolita dijo en la rueda de prensa: "Vine a Washington a morir, no a matar" (2006, 2:47, Traducción propia). En su cartera llevaba una nota al lado de un rosario, un crucifijo y una bandera de Puerto Rico cosida por ella misma. Asumió toda responsabilidad:

"¡Ante Dios y el mundo mi sangre clama por la independencia de Puerto Rico! Doy la vida por mi patria. Este es un grito de victoria en la lucha por la independencia, que por medio siglo ha luchado por la tierra que nos pertenece.

Declaro que Estados Unidos han traicionado los principios humanos sagrados con la subyugación continua de mi país, en violación de su derecho de ser una nación libre y en las torturas a nuestro apóstol de la independencia: Don Pedro Albizu Campos.

(En el reverso) Yo soy responsable de todo."
(Citada en Ribes Tovar, 1974, p. 137)

Lolita pasaría 25 años en prisión, al igual que sus compañeros. Ante las distintas oportunidades de pedir clemencia al gobierno, reiteró su firme postura de líder: "No tengo nada por lo que pedir perdón y nunca le pediré clemencia a un gobierno que mantiene a mi pueblo esclavizado" (Citada en Jiménez de Wagenheim, p. 265, Traducción propia).

Ante la presión internacional, se dio la posibilidad de salir en libertad mediante un canje de prisioneros entre Estados Unidos y Cuba. Los documentos desclasificados de las negociaciones muestran la importancia del posicionamiento de Lolita para excarcelar a sus otros tres compañeros.

La oferta inicial fue de intercambiar solamente a Lolita por el prisionero Lawrence Lunt, acusado por Cuba de espiar para la *Central Intelligence Agency* (*Cuba-Lawrence Lunt Case*, s.f.). Pero en una entrevista en 1978, el presidente cubano Fidel Castro Ruz le aclaró a la periodista Barbara Walters que el acuerdo dependería si Lolita aceptaba salir sola, lo cual dudaba (*Prisioner Exchange*, 16 de enero de 1979). Castro Ruz afirmó que estaba dispuesto a cambiar cuatro prisioneros estadounidenses en Cuba por cuatro puertorriqueños en Estados Unidos. La oferta fue eventualmente aceptada por el presidente norteamericano Jimmy Carter en 1979.

Se puede pensar que la firmeza de esta lareña liberó a ocho personas, en vez de dos.

2. Inamovible frente el machismo

"La consagración no es al obstáculo ni a esos hombres."
(Waldman, 1979, 3:07)

¿Era Lolita Lebrón una vocal feminista? No me atrevo a realizar tal aseveración, pues no he encontrado una referencia directa de ella asumiéndose como tal.

Sí entiendo que la desigualdad de género estuvo presente en su despertar político. Sobre su tiempo en Nueva York dijo: "La opresión de las mujeres puertorriqueñas, que además de cuidar sus casas y familias, tenían que trabajar fuera para regresar a casa a bregar con esposos difíciles." (Citada en Jiménez de Wagenheim, p. 248, Traducción propia)

Al salir de prisión demuestra una conciencia más clara de la opresión machista en su vida y en nuestra sociedad. Sobre la recepción a su liderazgo dentro del Partido expresó:

"Fue un poco negativa. Pues, siempre existe el machismo, tú sabes. Es el machismo tradicional a través de todos los siglos y aún está bastante arraigado en Puerto Rico y en el movimiento de liberación (...) Ese sistema de que la mujer es inferior al hombre; que si la pudiéramos callar cuando ella habla; que ella no debía de hablar porque ella va y dice algo que a nosotros no nos cae bien o ella tiene un estilo diferente. El hombre desea que una obre con el pensamiento de él. Todavía el hombre no ha realizado que nosotros estamos liberándonos, ¿verdad? Ahora, la mujer nacionalista está liberada, yo quiero que tú sepas eso. A nosotros no nos detiene nadie. Absolutamente nada nos

detiene en la senda de la lucha. Encontramos muchísimos obstáculos pero no nos importa porque la consagración no es al obstáculo ni a esos hombres, sean quienes ellos sean. Es a la lucha, la causa, la Patria."
(Waldman, 1979, 2:00)

3. La lucha continua y colectiva

"En Puerto Rico las mujeres estamos luchando."
(100 mujeres por la independencia, 2008)

Lolita regresó a su patria y, aunque nunca se arrepintió de aquel 1 de marzo, redirigió sus esfuerzos hacia la poesía y la lucha no-violenta.

Uno de sus últimos actos públicos fue en apoyo de la lucha viequense en contra de la permanencia de la marina estadounidense (Jiménez de Wagenheim, 2016). Allí entró a los terrenos y ejerció desobediencia civil, por lo que fue arrestada a su tercera edad.

En sus últimos días nos dejó estas palabras, explícitamente sobre las luchas colectivas dirigidas por mujeres puertorriqueñas:

> "Que todo el mundo sepa que en Puerto Rico las mujeres estamos luchando por como trabajadoras, por un ambiente sano, por las comunidades, por los presos políticos, por la niñez, en defensa de la cultura y de todo derecho que pretenden quitarnos constantemente. Queremos que todo el mundo sepa que las mujeres en Puerto Rico apoyamos, exigimos y estamos luchando por la independencia de Puerto Rico."
> (100 mujeres por la independencia, 2008)

> *"¡Yo quisiera que en mi país nadie me tuviera que mandar a callar por defender la libertad de mi país!"*
> Respuesta a congresista estadounidense
> (1997 en 2023, 0:40)

La anterior frase fue gritada por Lolita en las vistas del Congreso de Estados Unidos en Puerto Rico para un posible proyecto de status. Durante su ponencia, un congresista trató de callarla por expiración de tiempo. La lareña no tomó bien que vinieran de afuera y se creyeran autoridad sobre su patria y sobre ella.

Lolita ha pasado a ser un símbolo para nuestro país: la poeta-costurera vuelta líder; la inamovible ante el machismo de sus propios colegas; la continua lucha hasta el descanso eterno. Ella nos deja un legado patriota y feminista que emular hoy.

¡Qué viva la lareña:
LOLITA!

Referencias

Claridad. (2 al 8 de mayo de 1997). p. 5.

Cuba-Lawrence Lunt Case. (s.f.). *Josh Marsh Files: Caja 11*. Gerald R. Ford Presidential Library.

Escuchar la verdad. (2023). *LOLITA LEBRON* [Video]. YouTube. https://www.youtube.com/watch?v=ku7CpXL01x8

Jiménez de Wagenheim, O. (2016). *Nationalist heroines: Puerto Rican women history forgot, 1930s–1950s*. Markus Wiener Publishers.

Knowles, C. (2 de marzo de 1954). Five Congressmen Shot In House By 3 Puerto Rican Nationalists; Bullets Spray From Gallery. *The New York Times*.

Lebrón, L. (2008). *100 mujeres por la independencia*. Partido Independentista de Puerto Rico. https://piprincon.blogspot.com/2008/03/actividad-100-mujeres-por-la.html

Prisoner Exchange. (16 de enero de 1979). *Presidential Files, Container 103*. Office of Staff Secretary, Jimmy Carter Presidential Library and Museum, p. 29.

Ribes Tovar, F. (1974). *Lolita Lebrón: La prisionera*. Plus Ultra Educational Publishers.

Roig-Franzia, M. (22 de febrero de 2004). A terrorist in the House. *The Washington Post*.

Ventura, C. (2006). *Lolita Lebrón ataca el Congreso 1954* [Video]. YouTube. Original de NewsReel Washington. https://youtu.be/Pom5iJlVLrk?si=xnaVQ4fhZC2RtN0Y

Waldman, G. (1979). *Entrevista con Lolita Lebrón (1979 Lolita Lebrón Interview)* [Video]. YouTube. https://www.youtube.com/watch?v=kS5Z0hCEATA&t=1020s

PIONERAS

"*Los historiadores no han tenido otro motivo para exagerar la conducta de las mujeres de otras épocas que la preponderancia de los hombres y el ser ellos los legisladores, historiadores y cultivadores de todas las ciencias, artes, literatura.*

Acostumbran entre ellos algunos 'bombos' exagerados para ensalzar y elevar reputaciones, y con indiferencia para las mujeres cultas, libres e ilustradas creyendo que éstas eran inferiores y no estaban capacitadas para realizar cualquier trabajo intelectual."

Luisa Capetillo Perone

Capetillo Perone, L. (1916). *Influencia de las ideas modernas.* Tipografía Negro Flores, p. 76

Flavia Lugo de Marichal, 18 de marzo de 1990, El Mundo, p. 12

INÉDITA

Juana Agripina:
Quien retó legalmente su esclavitud

*"Nunca olvides a tu tatarabuela Agripina
y esta historia de orgullo y libertad."*
Yolanda Arroyo Pizarro
La medalla mágica de Agripina (2016, p. 59)

Juana Agripina fue una mujer negra esclavizada que luchó en múltiples ocasiones para obtener su libertad por la vía legal. Y entre esos varios intentos continuaba fugándose, rehusándose a permanecer bajo la cruel normalidad del trabajo esclavo.

Si no fuera por estos reclamos ante el sistema de "ley y orden" del momento, no existiría la documentación necesaria para conocer sobre su existencia. Una persona esclavizada era considerada propiedad, no un ser humano. Los archivos que llevaban las autoridades solo incluían un nombre, su origen, su precio... lo que fuera conveniente para su compra y venta.

El rescate histórico de las vidas de nuestra población esclavizada ha sido lento. Aún en historiadores puertorriqueñistas se suele reducir esta parte de nuestra ancestría a "los esclavos", como si fuera una sola experiencia y como si "negro" fuera sinónimo de esclavitud. Recientemente, autoras afroboricuas como Yolanda Arroyo Pizarro les han dado voz mediante el arte, como las frases de apertura en este escrito.

Pero bien, ¿cómo es posible que una persona esclavizada pudiera liberarse por medio de leyes? Juana Agripina vivió en el siglo XIX, un momento muy crítico en nuestra historia como país. Un Puerto Rico influido por corrientes libertarias, tanto de países recién liberados como de la abolición de la esclavitud (en el caso de Haití, por una exitosa rebelión cimarrona).

La herida era mayor cuando España ilegalizó la esclavitud dentro de su país pero la mantuvo en sus colonias. Aferrándose a su imagen de imperio, reprimió brutalmente a quienes se atrevieron a luchar por su libertad.

Es en este contexto que se imponen las medidas para aplacar las rebeliones que expongo a continuación. Una de ellas actualizó las provisiones legales para obtener la libertad: el Reglamento de Esclavos de 1826.

Las mujeres como Juana Agripina estaban esclavizadas dentro de un país colonizado. Contrario a la narrativa oficial, las personas esclavizadas lucharon por su propia libertad y algunas la lograron antes de la abolición.

La valentía de Juana Agripina escribió un pedazo, hasta ahora invisibilizado, de la historia de Puerto Rico. Este es un intento por colocarla entre nuestras heroínas nacionales, al lado de nuestros grandes abolicionistas. Porque ella se jugó no solo su libertad sino su vida.

La realidad que retó

"He venido a entregarte esta medalla de metal. Está hecha con el metal que se derritió de mis cadenas."

Yolanda Arroyo Pizarro (2016, p. 56)

Juana Agripina nació aproximadamente entre 1834 y 1835 (Lugo de Marichal, 1990). Su lugar de nacimiento fue documentado como San Germán.

Esto coloca su vida en un periodo donde Puerto Rico recibió una inusual atención por parte de su colonizador, España. La economía esclavista y colonial se vio impactada por revueltas enmarcadas en las ideas liberadoras de la Revolución de Haití (1791-1804), las liberaciones nacionales iniciadas con la Guerra de Independencia de Estados Unidos (1775-1783) y las reformas liberales internas en Europa, incluída la abolición de la esclavitud.

El miedo a perder las ganancias provenientes de sus últimas colonias provocó que las periódicas resistencias de nuestra población esclavizada se convirtieran en un asunto de Estado.

En 1826, mismo año donde se documenta una revuelta negra en Ponce, se firma un Reglamento de Esclavos de Puerto Rico (Maldonado Jiménez, 2021; Naranjo Orovio, 2025). El documento reformó la Real Cédula de 1789 y proveyó una especie de protección jurídica para propietarios y esclavizados ante una corte civil. Aquí se hicieron explícitas las maneras de obtener la libertad por negociación y también los castigos permitidos. Este fue el instrumento bajo el cual Juana Agripina realizó los cuatro intentos de libertad que abordaré en breve.

Debo recalcar que las "protecciones" a esclavizados en el Reglamento no eran de ningún modo un reconocimiento de su personalidad y dignidad como seres humanos. Las provisiones estaban supuestas a ser investigadas por un síndico, en muchos casos esclavista también.

España abolió la esclavitud en su territorio en 1837, primero que en sus colonias. Este dato pasará a ser importante para Juana Agripina, debido a una provisión del Reglamento que permitía la libertad para quien pisara una tierra sin esclavitud.

Juana Agripina era muy joven durante la implementación de estas dos medidas. Sin embargo, ella tuvo que experimentar el Código Negro y la gobernación de Juan Prim y Prats (Suárez Díaz, 2005). El General tiene dedicada calles y pinturas en España pero en Puerto Rico no actuó heroicamente. La represión a las revueltas cimarronas fue tal que el 4 de abril de 1848, Prim y Prats ordenó que se prohibiera que negros (esclavizados y libres) tuvieran un machete si no estaban trabajando o camino a su casa. También se castigaba con azotes, cortes de mano o fusilamiento a quien hiriera a un blanco, sin importar la razón.

La juventud de Juana Agripina debe haber ocurrido en un clima de miedo aterrador a actuar ante un instinto tan humano como la libertad. Pero también vivió en la región con mayores rebeliones dentro de haciendas azucareras: Ponce (Baralt, 1981). Durante su niñez ocurrieron alzamientos en Guayanilla (1840) y Ponce (1841 y 1848).

Su primera fuga fue en 1865, aproximadamente a sus 30 años (Lugo de Marichal, 1990). Tres años antes del Grito de Lares, que exigía la abolición de la esclavitud, Juana Agripina comenzó su propio camino hacia la libertad.

Cuatro intentos legales por la libertad

"La criada Agripina encierra un fondo de malicia y astucia que sabe ocultar muy bien (...) El carácter y tendencia de esa negra se me acusa de una nota de crueldad que no ha existido nunca (...) Sensible es que un dueño tenga que sincerarse de las imputaciones calumniosas de una esclava."
Apelación de su "dueño", Pablo Niuri (1866)
(Citado en Rosario Natal, 2013)

La existencia de Juana Agripina se presentó el 18 de marzo de 1990 en el periódico *El Mundo* por la profesora y escritora Flavia Lugo de Marichal. Su investigación reconstruye su interesante vida con los documentos disponibles.

Antes de su primer intento de libertad, Juana Agripina trabajó en fincas rurales del área sur, particularmente entre Guayanilla y Ponce, ambos lugares conocidos por rebeliones cimarronas. En su niñez fue esclava doméstica, trabajando en las labores dentro del hogar de su "amo", y más tarde fue asignada al trabajo de campo (Rosario Natal, 2013). No sabemos cuál era su labor en la hacienda; las mujeres trabajaban a la par con los hombres en trabajos físicos como cortar caña, cargar las carretas y distintas etapas de procesamiento (Baralt, 1981).

La mujer fue regalada, vendida y devuelta entre cinco propietarios (cuatro hombres y una mujer). Resalta que tenía solo un año cuando fue regalada a su segunda propietaria, quien a su vez la vendió a un hombre como "concubina" cuando tenía solo 13 años. Es difícil imaginar los sentimientos dentro esta niña, una de tantas explotadas sexualmente bajo el precepto de que era su obligación como "propiedad", algo normalizado y legalizado.

Juana Agripina respondió a los 14 o 15 años pidiendo la libertad a su "dueño" por primera vez. Estas peticiones eran privadas pero nos enteramos de ella por la queja que sometió luego a las autoridades. Fue por esto que ella se fugó por primera vez en 1865: para presentar su primer reclamo al síndico de Ponce.

A continuación, detallamos los cuatro intentos legales que realizó Juana Agripina bajo el Reglamento de Esclavos vigente. Si bien este documento proveía ciertas protecciones, las fugas continuaban siendo ilegales. Las fugitivas corrían el riesgo de captura y castigo en el camino para llegar a la autoridad del síndico, que fungía como su defensor legal.

El primer intento legal de Juana Agripina fue la alegación de que dos propietarios le otorgaron su carta de libertad. Los esclavistas podían declarar libres a sus esclavos por acuerdo o negociación. Para ello se necesitaba un documento escrito que así lo estableciera.

La queja presentada provocó una investigación que incluyó la búsqueda del documento y tomar testimonios de propietarios o sus herederos. Las cartas no fueron encontradas ni los testimonios corroboraron la versión. Se le ordenó a Juana Agripina regresar a su propietario y a este se le pidió no castigarla.

El historiador Rosario Natal (2013) le dio seguimiento al trabajo de Lugo de Marichal usando el Archivo Histórico Municipal de Ponce. Él encontró que la documentación de las acciones que se realizaron para verificar estos alegatos de Juana Agripina no está completa, hay lapsos y contradicciones.

El segundo intento legal ocurrió luego de otra fuga en noviembre del mismo año, esta vez para presentar su alegación por haber viajado a un país donde la esclavitud había sido abolida (Lugo de Marichal, 1990). Juana Agripina había acompañado a su anterior propietaria a Santo Domingo entre 1847 y 1849.

El hecho de que ella escogiera esta vía legal afirma que conocía sobre dos decretos que permitieron la libertad de quienes habían pisado países libres. El primer decreto fue de 1836 para quien visitara España, haciéndoles libres allá y al regresar a las colonias, sin necesidad de una carta de libertad. El segundo decreto fue en 1864 y extendió el derecho a los viajes hacia cualquier país libre.

No se conoce como ella se enteró de esta provisión. Lugo de Marichal teoriza que esto demuestra una comunicación entre personas esclavizadas, esclavos domésticos que sabían leer y negros libres.

No hay evidencia de la investigación que debió haber realizado el Corregidor (juez). Sin embargo, le ordenó regresar a su propietario. La triste realidad es que técnicamente la ley no le cobijaba, ya que su viaje fue aproximadamente 15 años antes de que se aprobara el decreto que le aplicaría.

El tercer intento legal fue a solo meses del anterior, en febrero de 1866, y demuestra la brutal realidad de la vida de Juana Agripina. La mujer nuevamente se fugó pero ahora con una cadena en el cuello que pesaba 14 libras y media (Lugo de Marichal, 1990). Su camino fue de 25 kilómetros, de Guayanilla a Ponce, para presentar su petición de libertad por castigos no permitidos en el Reglamento. Ella alegó que el encargado de la hacienda le dejó la cadena por dos meses antes de su fuga.

Este caso lo ganó pero no le otorgaron la libertad sino regresar a su propietario, a quien multaron con 50 pesos. De hecho, a Juana Agripina la castigaron con varios días de cárcel porque insultó a su propietario en presencia del corregidor.

El atrevimiento de Juana Agripina al quejarse y del corregidor al multar al propietario provocaron la ira de este señor, quien apeló la sentencia hasta al Gobernador (Rosario Natal, 2013). Las palabras que profiere contra ella demuestran la mentalidad de superioridad de un esclavista ante una mujer negra que se negaba a ser esclava. Además de la frase mencionada al inicio de este subtema, añadió:

> "Rehusó volver a mi poder por lo que le di espontáneamente papel de venta y se negó a buscar amo porque decía que era libre (...) Apenas llegó a casa que desapareció de ella y anduvo fugada muchos días al cabo de lo cuales acudió al juzgado con la misma cantinela de su libertad (...) Volvió el genio díscolo y pendencioso, le faltó a los empleados, se fugó tres veces y hubo que pagar por su captura en dos de ellas (...) Lejos de haber abusado, no la ha castigado como merecían sus faltas (...) Su constitución podría resistir mayor peso (que la cadena de 14 libras y media)."

Aunque el corregidor castigó a Juana Agripina por sus insultos, sometió una defensa de su multa contra el propietario debido a la condición en que ella llegó al síndico (Lugo de Marichal, 1990). En su carta al Gobernador se puede imaginar el sufrimiento de Juana:

"Esa pobre mujer de constitución débil y oprimida como estaba, para no causar sospecha de su fuga en el tráfico de cinco leguas que hay de aquella población a ésta, ocultó la cadena atándola en la cintura bajo el vestido(...) y así vino a duras penas a producir su queja." (pp. 14 - 15)

El cuarto y último intento legal conocido lo presentó en junio del mismo año: 1866. Juana Agripina volvió a alegar que existe una carta de libertad para ella y agregó que le otorguen un papel para buscar otro propietario ante los crueles castigos del actual. Lamentablemente, la regresaron al "dueño" por considerar que ya este alegato fue juzgado.

Esto es lo último que conocemos de la vida de Juana Agripina. La libertad estaría al llegar en solo siete años con la abolición de la esclavitud en Puerto Rico en 1873. Nos queda imaginar si ella continuó intentando liberarse o lo logró, ya que lo intentó tantas veces en dos años. La documentación no está para afirmar esto, ni si continuó esclavizada o murió joven.

El investigador Rosario Natal (2013) retomó su búsqueda por los archivos municipales de Ponce y Guánica. Él buscó el nombre "Juana" en los registros de esclavos de Ponce, al no aparecer "Agripina". Sin embargo, era muy común que las mujeres esclavizadas lo tuvieran como primero o segundo nombre. Además, la documentación no era rigurosa y sólo establecía nombre, edad y origen.

Vale resaltar que en 1970, dos años luego del Grito de Lares, se firmó la Ley Moret que flexibilizó las causas para que esclavos adquirieran la libertad. Rosario Natal teoriza que Juana Agripina hubiese sido liberada bajo ésta por el castigo excesivo de su tercera demanda. Pero esto no nos consta.

Juana Agripina cambia la narrativa

"Prométeme que nunca sentirás verguenza de ser quien eres, ni de tu hermoso color negro, ni de tu hermoso cabello."
Yolanda Arroyo Pizarro (2016, pp. 59 y 60)

Juana Agripina canalizó mediante la ley el innato deseo libertario de todo ser humano.

Su historia desafía la narrativa producto del individualismo extremo que aún nos arropa y que clama por ese "héroe solitario", hombre blanco salvador, que tiene unos dotes excepcionales que la mayoría de los mortales desconocemos. Juana Agripina transforma el enfoque desde unos blancos liberales que "liberaron esclavos" hacia una incesante búsqueda de autonomía y libertad por las propias personas que sufrieron la esclavitud.

No fueron solo los y las abolicionistas de la clase criolla acomodada quienes lucharon por la eliminación de la cruel institución esclavista, si bien estos merecen el recuerdo y agradecimiento que la historia ya les reconoce. El éxito de una lucha así no es nunca individualista sino de múltiples causas y actores... Y actrices.

Los actos de resistencia como fugas, rebeliones y demandas legales fueron, pedazo a pedazo, menoscabando los soportes ideológicos de tan cruel sistema hasta vencer.

Igualmente, los esfuerzos libertarios dependen de la solidaridad. Las demandas individuales de Juana Agripina se beneficiaron de las experiencias de quienes conocían los recovecos de la ley, al igual que quienes habían intentado o logrado liberarse.

Mujeres como esta heroína nacional nos recuerdan lo que los libros han invisibilizado por mucho tiempo: Que la historia muchas veces la escriben las personas más marginadas, sin apellidos reconocidos (en su caso, ¡sin apellido alguno!).

"Libertad o muerte"

Nos siguen faltando nombres de mujeres y hombres esclavizados que movieron la rueda de la historia puertorriqueña hacia la justicia a fuerza de la más pura valentía. Quienes de verdad personalizaron ese trillado discurso de "libertad o muerte".

En honor a ellas y ellos, podemos aprender y enseñar esta historia que sí conocemos: la de Juana Agripina. Mediante ella revivimos a estas antepasadas afropuertorriqueñas a quienes el racismo y el colonialismo intentaron quebrar.

Conócela y nómbrala:
¡JUANA AGRIPINA!

Referencias

Arroyo Pizarro, Y. (2016). La medalla mágica de Agripina. En *Las caras lindas* (pp. 56 – 60). Editorial EDP University.

Baralt, G. A. (1981). *Esclavos rebeldes: Conspiraciones y sublevaciones de esclavos en Puerto Rico (1795-1873)*. Ediciones Huracán.

Lugo de Marichal, F. (18 de marzo de 1990). Juana Agripina, o la lucha de una esclava por su libertad. *El Mundo,* pp. 12–15.

Maldonado Jiménez, R. (2021). *La resistencia antiesclavista de la mujer en Puerto Rico, 1806-1873*.

Naranjo Orovio, C. (2025). La voz de esclavizadas en Puerto Rico a través de los procesos legales, siglo XIX. *L'Âge d'or, 18*.

Reglamento sobre la educación, trato y ocupaciones que deben dar a sus esclavos los dueños y mayordomos de esta isla. (1826). Gobernador Miguel de la Torre.

Rosario Natal, C. (2013). ¡Soy libre! El grito de Agripina, la esclava rebelde de Ponce. *Historia: Dime*.

Suárez Díaz, A. (2005). *El doctor Ramón Emeterio Betances y la abolición de la esclavitud*. Editorial del Instituto de Cultura Puertorriqueña.

Ilustración: Tomás Méndez Panedas
Libro: Maestra Celestina, Rosario Méndez Panedas (2017)
Reproducida con autorización de la autora

Celestina Cordero Molina:
Madre de la educación en Puerto Rico

> *"El suyo era un mundo al revés, unos negros pobres eran las figuras de mayor poder en sus salones de clase: Celestina y Rafael Cordero en la sociedad esclavista donde vivían pertenecían al estrato más bajo. No obstante, en su escuela eran las figuras de máxima autoridad."*
>
> Rosario Méndez Panedas (2024, p. 18)

El concepto de "educación pública" es históricamente reciente para la mayoría de las sociedades, incluyendo a Puerto Rico.

Antes del siglo XX se le llamaba así a la presencia de escuelas subsidiadas por gobiernos municipales (ayuntamientos). Pero la organización colonial a base de superioridad racial, económica, de género y religiosa impedía la inclusividad que hoy atamos al término "público".

La aceptación de que toda la niñez merece una instrucción de excelencia sin discriminación es un derecho humano que no alcanza un siglo. Que sea un derecho civil que el Estado debe garantizar es una noción todavía más moderna. Internacionalmente, fue reconocida por primera vez en el Artículo 26 de la Declaración Internacional de Derechos Humanos de 1948. Nacionalmente, quedó inscrita en el Artículo 2 de la Carta de Derechos de la Constitución del Estado Libre Asociado de 1952.

Para que la educación recibiera ese reconocimiento, defensa y el apoyo popular en el consenso social actual, hubo educadoras que fueron practicando un modelo educativo inclusivo y que redefinieron el significado mismo de la pedagogía.

Ese es el caso de la primera persona puertorriqueña en crear una escuela que instruyó a sus alumnos y alumnas sin distinciones, de manera "pública".

Fue una mujer afroboricua. Pero solo se nos enseña sobre su hermano varón: Rafael.

Te invito a conocer a Celestina Cordero Molina, cuyas aportaciones llevan a denominarla "Madre de la Educación Pública".

"La hermana de..."

"A pesar de que fue ella la que gestionó los permisos de la escuela y la que consiguió el nombramiento oficial de maestra, siempre se la menciona brevemente, bajo la sombra de su hermano menor."
Méndez Panedas (2024, p. 20)

De seguro conoces la imagen de Rafael Cordero Molina pintada por Francisco Oller titulada "La Escuela del Maestro Rafael Cordero". La misma fue realizada por el pintor para conmemorar el centenario del nacimiento del educador en 1890 (Ateneo Puertorriqueño, s.f.).

Rafael enseñaba en una escuela en el Viejo San Juan sin distinción de raza ni clase social. Varios alumnos prominentes suyos, como Román Baldorioty de Castro y Alejandro Tapia y Rivera, se aseguraron de que su nombre no quedara en el olvido. Por esto, el Maestro Cordero es justamente recordado en nuestra historia como el Padre de la Educación.

Pero esta valiosa historia está incompleta sin recordar a Celestina y Gregoria Cordero Molina, sus hermanas (Méndez Panedas, 2020). Ellas realizaron el mismo trabajo aunque su legado es menos conocido.

En el caso de Celestina, su aportación fue pionera en toda la historia borincana. Fue bajo su nombre que se abrió la escuela donde ella y Gregoria enseñaban a las niñas y Rafael a los niños.

Las mujeres en general no estaban permitidas a ejercer como maestras hasta 1799 (Barceló Miller, 1997; Díaz Rivera, 2021). El municipio (ayuntamiento) de San Juan nombró a cuatro maestras para niñas en lectura, escritura, cristianismo y labores manuales. La falta de pagos del municipio hacia las educadoras detuvo la labor hasta 1856, ocho años después de que Celestina dejara de trabajar por enfermedad. Por lo tanto, su vida profesional ocurrió entre este intervalo de tiempo, donde la compensación para una maestra no estaba asegurada.

El hecho de que una mujer negra lograra tal hazaña en el siglo XIX, cuando también era realidad la esclavitud y el sistema colonial de castas, motiva a un repaso de su crianza autodidacta.

Una niñez de avanzada

"El sistema primario de instrucción pública en Puerto Rico para fines de la dominación española concentraba sus recursos en la educación de varones de los centros urbanos."
Fernando Picó (1993, p. 8)

Una figura como Celestina ha sido rescatada de la invisibilización mediante una búsqueda exhaustiva de documentos que datan de la época y el lugar donde vivió. De ella no se conoce ni una pintura contemporánea, como en el caso de Rafael. En su caso, el único registro de sus acciones son documentos gubernamentales llamados Actas del Cabildo.

Gracias a la investigación de la profesora Méndez Panedas (2020) conocemos sobre 12 documentos que la mencionan en específico.

Sabemos que nació el 6 de abril de 1787. Celestina fue hija de una pareja de negros libertos: Rita (costurera) y Lucas (artesano). El matrimonio educó a sus tres hijos en su casa del Viejo San Juan, donde pasaría a ubicarse la histórica escuela. Al inicio de los 1800, solo 6% de la población general sabía leer y escribir. Y este hogar pertenecía a ese minúsculo grupo.

Un dato impactante es que Celestina a sus 15 años ya estaba educando a otras niñas. Ella le notificó a las autoridades coloniales que practicaba el magisterio desde 1802.

La maestra de todas

"Celestina ya era maestra, sus alumnas y ella lo sabían, pero insistió hasta que logró que se le reconociera oficialmente."
Méndez Panedas (2020, p. 37)

A sus 30 años, Celestina notificó estar a cargo de 115 alumnas. Así, tres años después y con mucha persistencia ante el gobierno, fue licenciada como maestra en 1820. Fue una de las primeras maestras mujeres en educar a niñas en Puerto Rico, cuyo gobierno nombró solo a 10 mujeres para este oficio en todo el siglo.

A pesar de ya estar haciendo historia, debemos recordar la jerarquía racial institucionalizada. Ni Celestina ni sus hermanos fueron pagados como parte del magisterio; su escuela tampoco recibió los fondos que sí recibían las otras cuatro del área.

Esto contrastaba grandemente con las escuelas religiosas. Aunque desde 1770 se les ordenó a recibir a toda la niñez, en realidad se educaban mayoritariamente a varones de clase alta y blanca, fuera criolla o europea, y siempre bajo la religión católica.

Celestina peticionó y logró la apertura de la escuela en su casa familiar de la Calle Luna. Esa es la que se conoce como la primera escuela en Puerto Rico con inclusividad racial, religiosa, de género y clase social; un inicio de lo que hoy entendemos como educación pública.

Así que fue ella la pionera en lograr la aprobación de una escuela que atendiera a toda la niñez. Por eso podemos llamarla "Madre de la Educación Pública en Puerto Rico".

Celestina enfermó en 1833 y no pudo continuar la enseñanza, que delegó a sus dos hermanos y dos discípulas. Aún en su lecho, se encargó de que su escuela continuara. Rafael la cuidó en su habitación hasta el final, siendo muy afín a ella (Delano, J., & Delano, I., 1994).

Una búsqueda propia en los archivos de la "Gazeta de Puerto Rico" en la Universidad de Puerto Rico confirmó dos datos importantes: la escuela era identificada como "la de Celestina" y permaneció abierta luego de su enfermedad. Este periódico gubernamental contabilizaba mensualmente a los estudiantes en su sección "Boletín Municipal". Los ejemplares consultados en los que aparece la escuela datan desde el 8 de junio de 1847 hasta el 18 de enero de 1848.

Celestina murió el 18 de enero de 1862. Su escuela existió antes de que se aboliera la esclavitud en 1873. Y más de un siglo antes de que la segregación racial se ilegalizara en Estados Unidos, próximo colonizador de Puerto Rico.

"Sus aportaciones aún perduran en el sistema de enseñanza de las escuelas de nuestro país y en la historia y cultura que nos define como pueblo."
(Resolución Conjunta del Senado de Puerto Rico, 16 de enero de 2023)

La valentía e inteligencia de Celestina fue reconocida oficialmente cuando en 2023 se comenzó a pagar una deuda a su memoria. Por iniciativa de la senadora, abogada y activista Ana Irma Rivera Lassén y con consenso de todos los partidos políticos, se aprobó colocar su nombre a la sede del Departamento de Educación junto al de su hermano Rafael y hermana Gregoria (Senado de Puerto Rico, 2023). Vale notar que el reconocimiento a Celestina está comenzando en el siglo XXI, liderado por la Cátedra de Mujeres Negras Ancestrales. Esto contrasta con el concurrido funeral y los múltiples homenajes póstumos para Rafael desde su muerte en 1868 (Méndez Panedas, 2024). Mientras Rafael fue merecidamente inmortalizado en pintura por Oller en 1890, Celestina tuvo su primer retrato por la artista Poli Marichal en 1980. Resta que el legado de Celestina sea conocido por su país como el de su hermano. Sin la Familia Cordero Molina no existiera un derecho a la educación que disfrutar y defender.

**¡A honrar a la maestra
CELESTINA!**

Referencias

Ateneo Puertorriqueño. (s.f.). *La escuela del maestro Rafael Cordero. Google Arts & Culture.* https://artsandculture.google.com/story/la-escuela-del-maestro-rafael-cordero-ateneo-puertorriqueno/pgXxvv-1LHNB8Q?hl=en

Barceló Miller, M. de F. (1997). *La lucha del sufragio femenino en Puerto Rico (1896-1935).* Centro de Investigaciones Sociales y Ediciones Huracán.

Boletín. (18 de enero de 1848). *Gazeta de Puerto Rico.* Colección Puertorriqueña, Recinto de Río Piedras, Universidad de Puerto Rico.

Boletín. (8 de julio de 1847). *Gazeta de Puerto Rico.* Colección Puertorriqueña, Recinto de Río Piedras, Universidad de Puerto Rico.

Constitución de Puerto Rico. (1952).

Delano, J., & Delano, I. (1994). *Maestro Cordero.* Universidad de Puerto Rico.

Díaz Rivera, A. L. (2021). *Conversaciones con Celeste Benítez Rivera: Educadora, política, humanista.* Editorial EDP University.

Méndez Panedas, R. (2024). *Celestina Cordero Molina, siempre viva.* Editorial EDP University.

Méndez Panedas, R. (2020). *Historias de mujeres puertorriqueñas negras.* Editorial EDP University.

Naciones Unidas. (1948). *Declaración Universal de Derechos Humanos.*

Picó, F. (1993). *Al filo del poder*. Editorial Universidad de Puerto Rico.

Senado de Puerto Rico. (2023). *Resolución Conjunta Núm. 8 del 16 de enero de 2023 (R.C. del S. 274, 19na Asamblea Legislativa, 6ta Sesión)*.

INÉDITA
Ana Roqué Géigel de Duprey: Científica y educadora de Aguadilla

> *"No hay que haga nacer en el alma el sentimiento de lo bello, como el estudio de la naturaleza."*
>
> Ana Roqué Géigel de Duprey
> Botánica Antillana (Inédito)

Ana Cristina Roqué Géigel de Duprey es conocida por ser pionera de los derechos de las mujeres en Puerto Rico. Esta aguadillana nacida en 1853 fundó el primer periódico feminista boricua y organizó a las sufragistas para obtener el derecho al voto para las alfabetizadas.

Si bien esto es suficiente para ser inmortalizada, Ana dejó unas huellas en su país que no se conocen lo suficiente. Y lo logró en una era donde una mujer brillante no estaba supuesta a destacarse fuera del hogar.

Además del feminismo, la hija de familia comerciante sobresalió en las ciencias, la pedagogía y la literatura. Me enfocaré en sus facetas como científica y educadora, que para ella fueron inseparables entre sí.

Ana fue una científica sobresaliente, especialmente en astronomía, geografía y botánica. Al techo de su hogar asistían hombres ilustres para observar las estrellas mientras ella les explicaba. También escribió e ilustró uno de los libros de botánica regional más completos, texto que la visión colonialista le impidió publicar. Incluso, escribió el libro de geografía escolar que se utilizó en escuelas antes de la invasión estadounidense.

La científica fue a la vez una prolífica educadora. A sus 13 años ya daba clases a mujeres mayores que ella. Durante toda su vida laboral, educó a otras mujeres en la pedagogía en escuelas por distintos pueblos de Puerto Rico.

Nos enfocaremos en estos dos aspectos de su multifacético legado sin caer en la ciega alabanza o el discurso heroico. Ana fue imperfecta, como todo ser humano; su vida incluyó brillantes luces y usuales sombras. Ella demostró a sus contemporáneos que una mujer puede moverse en toda área que su talento y persistencia le permitan. Pero también demostró cierto clasismo que nuestra mentalidad actual tal vez no excusaría.

Miremos la brillantez, valentía y complejidad de esta importante figura ilustre de nuestra nación. Debemos rescatarla para las futuras generaciones, especialmente de niñas que deseen entrar en la ciencia, un campo que continúa siendo excluyente para ellas.

Científica puertorriqueña en el siglo XIX

"Con un poco de esfuerzo, podría darse culto a las ciencias en Puerto Rico."
El Mundo (26 de noviembre de 1919, p.1)

La carrera científica de Ana fue opacada por su lucha feminista, como si una mujer no pudiera interesarse y sobresalir en más de un área. Varios descubrimientos historiográficos han permitido recuperar lo que nunca debió permanecer invisibilizado: Puerto Rico tuvo una gran mujer científica en la segunda mitad del siglo XIX. Y no solo sobresalió en una disciplina sino en varias, incluyendo la astronomía, la geografía y la botánica.

Uno de los hallazgos que nos permiten recuperar este lado de la vida de Ana ocurrió en 2001. La Universidad de Puerto Rico (UPR) le otorgó a la educadora Roqué de Duprey un Doctorado Honoris Causa en 1932, un año antes de su muerte. Para el mismo, se sometieron documentos sobre su carrera que fueron encontrados por la profesora González Gómez (2001) en el Archivo Central de la UPR, incluyendo uno escrito por la propia prócer. Los utilizaré como punto de partida, expandiendo los datos encontrados en él con otras fuentes bibliográficas.

Ana se dedicó desde los seis años a la observación científica del cielo de Puerto Rico. Al mudarse a San Juan, llegó a tener un telescopio en el techo de su hogar y brindó conferencias académicas de astronomía.

La aguadillana escribió en "El libro de Puerto Rico/The Book of Porto Rico" (1923, p. 68), un compendio temático de escritos sobre la situación del país:

"Es indudable que poseemos una de las bellezas más admirables de la Naturaleza, y apenas los puertorriqueños nos damos cuenta de ello. En las luminosas noches de nuestra antilla, en el azul profundo de nuestro cielo, vemos brillar todas las constelaciones conocidas."

Ana detalló que una comisión astronómica extranjera vino a Puerto Rico a ver un evento planetario, lamentándose que haya sido la única vez. Ella relata que se subió al techo de su hogar con sus "compañeros de estudios" para anotar observaciones. Luego le llevaron a la comisión visitante sus anotaciones académicas, que coincidían aunque le faltaban unos instrumentos de medición para ser más exacta.

Destaco que es la única mujer en la sección de "Historia Natural" en el mencionado texto y una de solo 11 mujeres contribuyentes frente a un centenar de hombres puertorriqueños y estadounidenses.

La mentalidad científica de Ana sale a relucir sin ningún filtro en un escrito suyo al periódico *El Mundo* sobre un eclipse anunciado para nuestro archipiélago. Allí llamó "ignorantes" y "simples" a quienes le temían al fenómeno natural por supersticiones. Dijo explícitamente: "Es probable que las personas ignorantes se atemoricen" y "Esperamos que el buen pueblo de Puerto Rico no sea TAN SIMPLE que vaya a creer en la patraña del fin del mundo" (21 de noviembre de 1919, p. 3, Énfasis en texto original).

En el área de la geografía, escribió el libro "Geografía Universal" (1887) que fue aceptado por el gobierno para utilizarse en las escuelas primarias, elementales y superiores (González Gómez, 2001). Vale recalcar que el texto no fue comisionado sino una autogestión suya al percatarse de que la Escuela Modelo de Humacao, donde era Directora, no contaba con uno. El mismo es de dominio público; puede encontrarse en línea y físicamente en la Colección Puertorriqueña de la Universidad de Puerto Rico.

En la botánica, Ana aportó un libro donde clasificó más de 6,000 especies de flora regional. Este gran texto fue otro de los hallazgos que nos permiten conocer la importancia de su legado académico.

El periodista Martínez Mercado publicó la recuperación de "Botánica Antillana" por el Dr. Jorge Carlos Trejo en el artículo "El tesoro de una científica rebelde" (*Centro de Periodismo Investigativo*, 23 de febrero de 2015). El botanista mexicano reconstruyó el texto, aún por publicarse, con las libretas de Ana que se encontraban regadas por distintos archivos en Puerto Rico.

Antes de entrar en el valioso contenido del libro, la investigación del periodista nos provee unos datos biográficos que son pertinente mencionar.

Ana fue discípula de Agustín Stahl, aguadillano como ella y pionero en el estudio de la flora y fauna puertorriqueña. Además, dos hombres ilustres fueron a conferencias dictadas por Ana: Manuel Fernández Juncos, poeta autor de La Borinqueña oficial, y Alejandro Tapia y Rivera, escritor. O sea, ella dio clases a próceres cuyos nombres la historia oficial sí inmortalizó.

Otro dato que resalta es la ideología pro-antillana de Ana, quien publicaba literatura bajo seudónimos como Aguenora y Flora del Valle (apodo con el que aún se le identifica). La versión original del texto incluía el poema "La canción de las Antillas" del juanadino Luis Lloréns Torres, poeta contemporáneo suyo. También se encargó de que la flora documentada abarcara a otras antillas, no solo a Puerto Rico.

"Botánica Antillana" fue el resultado de 30 años de estudios sobre plantas, cuya publicación inicialmente sería para las escuelas y financiaría la creación de un jardín botánico soñado por su autora. Su contenido abarca 550 dibujos, algunos hechos por la propia Ana, con escritos sobre las propiedades de cada especie.

Esta gran aportación a la ciencia nacional y regional nunca fue publicada, ya que Ana se quedó sin fondos ni apoyo. Ella le pidió varias revisiones a Carlos Chardón Palacios, científico quien luego se desempeñaría con varios puestos públicos. El naturista le aconsejó atemperarse al idioma y trabajos de estadounidenses que estudiaron nuestra fauna luego de la invasión. La realidad es que el trabajo de Ana fue tres veces más extenso. En la introducción del manuscrito inédito escribió:

> "En los momentos actuales, algunos americanos ilustrados se han ocupado de nuestra Flora, pero casi desconocen sus propiedades. La generalidad, tanto americanos

como puertorriqueños, las desconocen; aún nuestros mismos médicos, que la miran como cosa baladí (insignificante), sin acordarse de que la sabia Naturaleza casi siempre coloca el remedio junto a la enfermedad propia de cada país."

Si bien he recalcado el trabajo y la intelectualidad de Ana, debo compartir una visión discriminatoria suya que la humanidad ha rechazado. En una entrevista se expresó a favor de la eugenesia, esa falsa práctica científica dedicada a evitar la reproducción de características genéticas consideradas como no-deseables. En sus palabras:

"Soy partidaria de la eugenesia porque creo que, sin una ley que prohíba las uniones de enfermos y degenerados, no podremos adelantar gran cosa (....) Después de la concepción es un crimen (...) En este asunto del alarmante exceso de población que estamos padeciendo, debería el gobierno hacer algo eficaz. Es una situación tremenda. Obreros que

ganan sesenta o sesenticinco centavos tienen, sin ningún empano, su esposa y seis o siete hijos pasando necesidad."
(*El Mundo*, 22 de diciembre de 1929, p. 1)

En vez de omitir esta parte de su visión científica, es específicamente esto lo que nos recuerda que las personas ilustres no son dioses ni diosas. La imperfección humana se refleja en mujeres históricas como Ana y es nuestro deber estudiarlas en toda su complejidad.

Educadora desde niña

"Me enseñó a leer Doña Ana María Tapia de Roqué, mi abuela, profesora de 30 años y una de las mujeres más ilustradas de su tiempo."
(1932, citada en González Gómez, 2001, p. 79)

La Ana científica está inseparablemente ligada a la Ana educadora que fue hasta su vejez.

Por ejemplo, el propio libro "Botánica Antillana" fue escrito para que personas de todo estilo de vida pudieran utilizar el conocimiento en él. Y su formato incluye unas secciones denominadas Lecciones, Ejercicios y Estudios, además de usar la técnica del "collage" (Santiago Valentín, 2024). Como ella misma escribió en la introducción:

> "Escrito no para las universidades, sino para vulgarizar conocimiento útil entre el pueblo compuesto de agricultores, comerciantes, industriales, médicos, farmacéuticos, enfermeras, jardineros y padres de familia."

Ese llamado a la enseñanza fue acompañado de una inteligencia inusual y precoz. Ana sabía leer y escribir desde los tres años y hablaba tres idiomas (González Gómez, 2001).

En el pasado subtema, menciono el hallazgo de unos documentos encontrados por la profesora González Gómez que acompañaban la otorgación a Roqué de Duprey de su Doctorado Honoris Causa en

1932. Allí sobresale uno de su propio puño y letra, donde detalla una vida dedicada a la educación. Sobre sus inicios escribió (p. 77):

"Ingresé en la escuela de las Tapias a los 7 años y sabía casi la instrucción primaria, enseñada por mi abuela. Era escuela particular, cada niña pagaba $12 mensuales. Mi padre mandó el primer mes $10 a las maestras, diciéndoles: Mi hija es apasionada por los libros y el estudio; sólo puedo pagar esa cantidad 2 años, y en ese tiempo quiero que mi hija aprenda todo lo que la maestra pueda enseñarle-. La maestra había sido discípula de un ilustre francés, y tenía conocimientos superiores a su época. Salí de esa escuela a los 9 años, conociendo castellano con perfecta ortografía; 8 mapas de Atlas; pues entonces no había Geografía; Historia bastante amplia, Aritmética elemental, y Costura primorosa, Religión y Educación. Tenía ya nociones de piano con otro profesor. Estuve dos años en mi casa leyendo, aprendiendo Aritmética con mi padre, y aprendiendo piano.

Volví a la escuela a los 11 años de ayudanta y a aprender el francés con mi profesora. Pero yo enseñaba Aritmética avanzada a mi profesora, mientras las niñas escribían."

Ana comenzó a dar clases a sus 13 años en su hogar, siendo sus alumnas mayores que ella. Durante 30 años formó maestras en diversas Escuelas Modelos, a veces dando clases de día en un lugar y de noche en otro. Fue directora en la Escuela Modelo de Humacao, la Escuela Práctica de la Escuela Normal en Río Piedras y escuelas de Mayagüez (Santiago Valentín, 2024). También enseñó en Arecibo, Vega Baja y Quebradillas. Fundó escuelas particulares (sin financiamiento del Estado) en Aguadilla, Humacao, San Juan y Ponce; y el Liceo Ponceño en 1903.

En total, Ana calcula que enseñó a 5,000 niños y creó 110 maestras, a veces sufragando los gastos académicos de algunas con los ingresos de su periódico feminista "La Mujer".

La breve biografía bajo su columna en "El libro de Puerto Rico/ The Book of Porto Rico" la describe como "Profesora particular de matemáticas, latín y francés. Autora de varias obras pedagógicas, literarias y científicas" (1923, p. 68). Esto se confirma en el documento encontrado por González Gómez (2001), donde Ana añade que era profesora de botánica y astronomía.

Su rol fue uno generacional en su familia. Ana heredó el oficio de su abuela y lo pasó a su hija América, quien fue su ayudanta.

En términos de su visión de la educación, encontramos un escrito suyo al Senado en el periódico *El Mundo* titulado "Nuestra opinión sobre Instrucción Pública" (10 de abril de 1919, p. 11). Debe entenderse que Ana se refiere a una institución que hoy sería el equivalente al Departamento de Educación y que estaba siendo evaluada por la Legislatura.

Ana pensaba en erradicar el analfabetismo de Puerto Rico y criticaba al Senado por no haber abordado lo suficiente el tema, que entendía solucionable. Sobre la financiación de la educación primaria:

> "Deben dedicarse a la escuela todas las partidas del presupuesto que no sean indispensables para otras atenciones. Además, una Legislatura sabia puede establecer arbitrios sobre todo lo superfluo para favorecer a la escuela."

Al menos en este escrito, Ana favoreció distinciones entre las escuelas del campo y de la ciudad, teniendo las primeras menos exigencias de obligatoriedad y material. Establecía que los campesinos realizarían mano de obra manual, ya que no todo el mundo podía ser profesional. Unos fragmentos de sus expresiones:

> "Que estudie Segunda Enseñanza el que tenga dinero para costearla; y en cambio establezcanse escuelas de Arte y Oficios (...) En esos tres años se pueden adquirir nociones prácticas de agricultura (...) nociones de naturaleza, deberes

y derechos sociales y cívicos. De este modo pueden nuestros campesinos dejar de ser analfabetas" (y ser) "honrados y relativamente cultos."

Sobre derechos laborales de las maestras como aumentos de sueldo, los entendía según el desempeño de la escuela. Escribió: "Premiéseles, con una cantidad anual, a todos los que puedan probar que en su escuela ha habido un adelanto positivo en moral y educación, a la vez que intelectual."

Recordemos que en Puerto Rico se impuso la enseñanza en inglés bajo las leyes asimilistas "English Only" luego de la invasión estadounidense. Ana se expresó en contra de esto por encontrarlo pedagógicamente imposible para el propio aprendizaje bilingüe. Dijo: "¿Qué se pretende con esto? ¿Hacer pensar en un idioma que no se comprende? ¿Puede un inglés pensar en chino?".

La filosofía educativa de la maestra Roqué de Duprey perteneció a su contexto histórico. Ella se crió en un Puerto Rico donde solo había 122 escuelas "públicas" (recibían financiamiento del gobierno) y 25 "particulares" (fundadas por un ente privado) para el 1860 (Barceló Miller, 1997). La educación no era laica, estaba dividida por género y las escuelas eran mayormente atendidas por hombres de clase social acomodada o becados. Una excepción a esta regla fue la escuela de los hermanos Cordero Molina en el Viejo San Juan, abierta más de un siglo antes por la hermana mayor, Celestina, quien se encuentra en este libro.

Ana practicó una pedagogía autogestionada, donde la educación no era concebida todavía como un derecho obligatorio y equitativo para toda la niñez. Aún así, ella preparó a maestras, proveyó apoyo financiero a escuelas y entendía la educación como manera de lograr el adelanto social.

Una genialidad invisibilizada

Si Ana Roqué Géigel de Duprey hubiese nacido hombre, no cabe duda que al menos su nombre estuviera en muchas más escuelas, calles y edificios.

¿Cuántas personalidades históricas han abarcado tantas ramas de la sociedad en la manera y éxito que Roqué Géigel?

Además de pionera feminista, lo fue en la ciencia y la educación. De hecho, entrelazó ambos como hoy mismo poca gente puede hacer. Ana también fue escritora de numerosas novelas, cuentos y de un libro didáctico de gramática. Pero este es otro aspecto que tocaré en otra ocasión.

Agradezcamos a mujeres como Ana por su valentía imperfecta para hacer todo lo que quiso, sin limitaciones sociales por su género.

**¡Científica y educadora:
ANA!**

Referencias

Barceló Miller, M. de F. (1997). *La lucha del sufragio femenino en Puerto Rico (1896-1935)*. Centro de Investigaciones Sociales y Ediciones Huracán.

González Gómez, L. S. (2001). Ana Roqué de Duprey: Trozos de historia de la educación puertorriqueña. *Pedagogía, 35*(1), 74-83.

Martínez Mercado, E. (23 de febrero de 2015). "El tesoro de una científica rebelde." *Centro de Periodismo Investigativo.* https://periodismoinvestigativo.com/2015/02/el-tesoro-de-una-cientifica-rebelde/

Negrón Muñoz, Á. (22 de diciembre de 1929). "Conversando con las principales feministas del país." *El Mundo,* p. 1.

Roqué de Duprey, A. (21 de noviembre de 1919). "Eclipse anular del sol señalado para mañana." *El Mundo,* p. 3.

Roqué de Duprey, A. (1923). El cielo de Puerto Rico / The Porto Rican Sky. En E. Fernández García (Ed.), *El libro de Puerto Rico / The Book of Porto Rico* (pp. 68-71). El Libro Azul Publishing.

Roqué de Duprey, A. (26 de noviembre de 1919). "Los planetas." *El Mundo,* p. 1.

Roqué de Duprey, A. (10 de abril de 1919). "Nuestra opinión sobre Instrucción Pública." *El Mundo,* p. 11.

Santiago Valentín, E. (2024). *Flora borincana: Tres siglos de ilustraciones botánicas.* Para la Naturaleza.

Comadronas auxiliares de Añasco
El Mundo, 18 de diciembre de 1938. p. 11

La invaluable labor de las comadronas puertorriqueñas

"Había casas en las que eran 10 muchachos y todos los partos eran pasados por mis manos."
Celia Toledo
Las comadronas (parteras) en Puerto Rico
(1978, 4:58)

Muchas mujeres de nuestra generación hemos escuchado las narraciones de los dolorosos partos de nuestras abuelas. Mi bisabuela me contó de sus 13 partos en su hogar, de pie y agarrada de una soga, dirigida por otra mujer.

En el Puerto Rico de hace un siglo, las mujeres recibían el cuidado prenatal, parto y postnatal mediante otras mujeres cuya labor le confería dos nombres: 'parteras' o 'comadronas'. Este oficio era aprendido en la práctica y muchas veces realizado sin retribución monetaria. Un ejemplo del trabajo no asalariado que las mujeres han realizado a través de la historia.

Sin ellas, muchas generaciones de boricuas no existiríamos. Y muchas mujeres tampoco, debido al peligro que suponía parir en áreas sin asistencia médica cercana o accesible.

La escasez de servicios para las embarazadas era tal en la década de 1930 que trabajadoras sociales podían enfrentarse a partos y algunas tomaron cursos para atenderlos (Burgos Ortiz, 1998). Una de las pioneras de esta profesión, Georgina Pastor, asistió a "una mujer que había acabado de parir y todavía el ombligo estaba pegado al cordón umbilical" (p. 23).

La vida para las mayorías puertorriqueñas era una de total subsistencia, especialmente en los campos. Esto se reflejaba en la maternidad. Otra trabajadora social, Mercedes Moure, anotó en su libreta el relato de una mujer que decía haber parido "casi" 12 veces. Más impactante es que la madre se sentía aliviada porque no sobrevivieron todas sus crías, ya que no tenían qué comer. Dijo: "Si tuvieran tos vivos ya me hubieran comio. Esa es la suelte que casi tos se han muelto" (p. 24).

Una heroína presente en este libro, Juana Colón, fue comadrona y partera (Medina Báez, 2013). Su vida de líder obrera y feminista en Comerío dio paso a ser esa persona de confianza a la que las mujeres iban a recibir un servicio médico al que no tenían acceso.

El cambio que trajo el proceso de modernización de Puerto Rico se reflejó en las tasas de partos en el hogar versus los hospitales. Para 1953, la diferencia era 53% en casa versus 47% en hospital; en 1977, 99.5% de las mujeres parieron en hospitales (Departamento de Salud). Las comadronas pasaron a ser enfermeras bajo un doctor, usualmente hombre.

Para rescatar el valor de las comadronas puertorriqueñas, recuperé los testimonios expertos que tres de ellas le ofrecieron a José Miguel Agrelot "Don Cholito" en su programa "Hace Muchos Años" (1978).

Así era ser comadrona, en sus propias palabras.

Cándida Carrillo y el origen de la profesión
Dirigente de Comadronas Auxiliares en 1931
(1973, 1:05)

"Desde que el mundo es mundo, han habido comadronas. Ellas hacían los partos en Puerto Rico porque los médicos no se dedicaban a la partería como hoy día. Hubo muchas porque ellas heredaron ese trabajo, esa profesión, de sus antepasados. Todos los que hemos nacido en este siglo y el pasado, hasta hace poco, hemos nacido de comadronas."

"Las primeras comadronas que estudiaron nos contaron que llevaban una zaya desplegada con un bolsillo y ahí llevaban una tijera (para cortar el cordón umbilical); en el otro lado llevaban la 'mascaura' porque ellas masticaban tabaco."

"Desde los años 1930 al 1940, las comadronas en Puerto Rico hicieron el 80% de los partos. Y el otro 20% fue por comadronas graduadas y médicos."

Celia Toledo y el proceso de parto
Comadrona de Lares (1973, 4:58)

"Mi mamá era comadrona pero yo no tuve instrucciones de ella. Después de yo casada fue que me inicié.

Fue la vecina. Me mandó a buscar para prestarle una ayuda. Cuando llegué le dije 'aquí estoy, ¿para qué me quiere?'; 'Para que me des una ayuda y me la cortes la tripa (cordón umbilical) a ese muchacho que está ahí en el piso'. Daban a luz en el piso. Se tendía algo, una manta. En otro tiempo era el 'petate' (paja en el suelo y una soga amarrada al techo).

Todo el trabajo más importante es separar el niño del cordón umbilical, de la placenta. Pues entonces, yo dije 'pero si yo no sé, Dios mío' pero dije: 'búscame una tijera pero que esté con agua hervida y un cordón y un poco de algodón'. Cogí el muchacho y lo bañé.

Después, se le ponía aceite de oliva. Amarré y le corté (el cordón) y le puse un poco de algodón ahí en el ombligo. Se le pone ropa (faja) y gorro, que se amarra de la faja al frente para que no se vaya para atrás la cabeza ni se ahogue con las secreciones. Se envuelve en la sabanita y se pone.

En aquel tiempo se nombraba 'segundo parto' a la placenta. Se le ponía la mano (a la madre), se le hacía presión arriba y se movía, se movía y salía. Le recetábamos caldo de gallina; después iba comiendo más.

Después se iba a visitarla porque había que ver en qué estado estaban la madre y el hijo."

Juana Ambrosia Cruz y la solidaridad
Comadrona de Toa Baja (1973, 16:46)

"Habían nodrizas: mujeres que amamantaban los hijos de otra. Yo amamanté a uno. Cuando la vecina se iba, la otra que tenía su muchachito, le daba el pecho en lo que ella llegaba. Así lo hacíamos."

"Antes no se cobraba: las mujeres te decían 'comay' y los muchachos 'madrina' y ya está. Después te daban de acuerdo a la situación porque todo el mundo era pobre. Alguno siempre guardaba sus dos o tres pesitos y después la gallinita, el racimo de plátano y se emparejaba la cosa. A veces era yo la que tenía que llevarle cosas a la casa de ellas, chocolates y esas cosas."

"La ancestral función de la Partería debe reincorporarse en los servicios de salud a la mujer. Este oficio nunca debió dejarse fuera en la profesionalización."

Exposición de Motivos (Ley Núm. 31-2023)

El país presenta otras realidades a las que las comadronas respondieron. Las condiciones en las que trabajaron eran insalubres para la madre y su cría porque así era la cotidianidad del hogar de las mayorías empobrecidas. Por lo que eventualmente se requirieron entrenamientos y equipos para bajar las tasas de enfermedades y mortalidad, lo cual se logró. Lamentablemente, la labor de las comadronas fue eclipsada por un modelo de salud dictado por la ganancia. Aún así, es esencial recordar que la sororidad ha sustentado a la maternidad en todas las épocas de la historia nacional y humana. Esto se hace evidente en el presente interés por redescubrir el acompañamiento del embarazo mediante oficios como doulas.

**¡Gracias por la vida,
COMADRONAS!**

Referencias

Archivo Medios Audiovisuales de la Facultad de Comunicación e Información de la Universidad de Puerto Rico, Recinto de Río Piedras. (1978). *Las comadronas (parteras) en Puerto Rico* [Video]. YouTube. https://www.youtube.com/watch?v=bx3qYb67mlw

Burgos Ortiz, N. M. (1998). *Pioneras de la profesión de trabajo social*. Publicaciones Puertorriqueñas.

Departamento de Salud. (1953-1954). *Informe anual*. https://estadisticas.pr

Departamento de Salud. (1977-1978). *Informe anual*. https://estadisticas.pr

Ley Núm. 31 de 18 de enero de 2023. *Para declarar el 5 de mayo de cada año como el "Día de la Partería."* Ley del Gobierno de Puerto Rico.

Medina Báez, B. M. (2013). *Juana Colón y la lucha de la mujer obrera*. Ediciones Huracán.

Niñas cosiendo sombreros de paja a domicilio
Foto: Isabel Picó
Participación de la mujer en la historia de Puerto Rico
Centro de Investigaciones Sociales, Universidad de Puerto Rico, 1986, p. 36

Las costureras
y su legado a las puertorriqueñas

"Una obrera que emplea más de 10 horas en terminar dos docenas de pañuelos se gana por los mismos 24 centavos."
Unión Protectora de Desempleados Mayagüez
Carta al presidente F.D. Roosevelt
(Citada en Iglesias & Marcantonio, 1939)

¿Te has preguntado alguna vez por qué casi todas las familias boricuas tienen al menos una mujer costurera? Personalmente, tuve una bisabuela y una tía con arte para esa máquina cuya aguja inquieta todavía me provoca miedo. Soy una de muchas personas que sabemos remendar el ruedo de un pantalón gracias a ese saber heredado.

Las costureras han estado presentes en nuestro pasado común. Al fin y al cabo, fueron las que cosieron nuestra primera bandera en Lares, entre ellas Mariana Bracety Cuevas. Una niña costurera creció para ser activista y rescatar la bandera de caer al suelo durante la Masacre de Ponce: Dominga de la Cruz Becerril. Y otra llevaba una monoestrella creada por sí misma mientras la defendía en el congreso estadounidense: Lolita Lebrón Sotomayor.

Pero más allá del heroísmo patrio, están esas miles de mujeres que nos bordaron una mejor vida en la privacidad del hogar o en el calor de una fábrica.

Este oficio practicado por tantas puertorriqueñas se ha minimizado a la simple mención de una de las industrias más importantes del siglo XX. Pero las costureras son mucho más. Son un reflejo de la carga colonial sobre hombros femeninos. Son el legado de un oficio que ha pasado de generación en generación.

Y deben ser parte de nuestro imaginario histórico. No solo somos el jíbaro con pava y machete trabajando la tierra. Somos nuestras mujeres cosiendo y bordando ropa que, en la mayoría de las ocasiones, no era para sí.

Este es el primer escrito que realicé sobre un colectivo histórico, no sobre una mujer en específico. Es un breve repaso de la historia de las costureras puertorriqueñas; un intento de recuperar y honrar su aportación a nuestras familias y sociedad.

La carga colonial en las mujeres

"Los cambios en los roles femeninos en la década de 1930 no son todavía tan agudos como para ser rechazados totalmente como demasiado incongruentes; sin embargo, ya se ha sembrado la semilla de nuevos entendidos para las oportunidades y alternativas de la mujer."
Silvestrini de Pacheco (1979, p. 88)

Históricamente, las mujeres han tenido un rol activo en la economía puertorriqueña, tanto bajo el trabajo doméstico como el asalariado y cuentapropista. Esto ha sido realidad incluso desde nuestra población originaria taína y nuestra antepasadas esclavizadas.

Esta verdad ha sido poco documentada debido a la mirada patriarcal de juzgar la aportación femenina a la economía como una suplementaria y no necesaria para el sostenimiento familiar, cuya base se entendía que debía ser el hombre (Safa, 1998; Silvestrini de Pacheco, 1979).

Ser "costurera" fue una de las maneras en que las puertorriqueñas (mujeres y niñas) se adentraron masivamente en el trabajo fuera del hogar, en un contexto inhóspito por su realidad colonial.

La industria de la aguja llegó a nuestro archipiélago en 1917, mismo año en que se impuso la ciudadanía estadounidense. El capital colonizador buscó la mano de obra barata de su colonia, huyendo de las protecciones laborales que estados como Nueva York les comenzaba a exigir. Las mujeres puertorriqueñas ganaban menos que las estadounidenses y que los hombres puertorriqueños.

Además, la extracción colonial del trabajo femenino se expresó en su mismo modelo de negocio. Los materiales llegaban desde Nueva York, eran transformados en Puerto Rico y salían para venderse en la costa este de Estados Unidos. Aquí solo se quedó una industria intermedia dominada por "talleristas": contratistas que manejaban los talleres para la empresa matriz en el extranjero.

La contratación de costureras se realizaba para el taller o para el hogar, buscando adaptarse a las mujeres con crías. En ambos casos, el salario era por pieza, sin importar las horas y la dificultad. Según Silvestrini, las mujeres que trabajaban en la fábrica sufrían "poca ventilación, higiene pobre y aglomeración" (1979, p. 96).

¿Cómo se veía esto en la vida diaria de una mujer? Dominga de la Cruz Becerril, quien pasaría a ser una heroína nacional en la Masacre de Ponce, lo relató así:

> "Empecé a trabajar en las fábricas, en los talleres de blusas caladas y bordadas, con mi hermana. Con mi hermana mayor. Puerto Rico es famoso por su bordado, un trabajo finísimo, que es posible como en otros países llamados

"subdesarrollados", porque hay una mano de obra prácticamente esclava. Pero tú no sabes lo que era el trabajo ese. Nosotras trabajábamos con la luz del quinqué hasta las dos de la mañana, día tras día. Y mal alimentadas. Y yo estaba en Mayagüez con mi hermana, que era donde únicamente podía ir. Por eso digo que Mayagüez es la ciudad que más tuberculosos tiene; no había aumento y había mucho trabajo de ese de aguja. La fábrica de la aguja."
(Citada en Randall, 1979, p. 23)

En respuesta a huelgas en varias industrias, la Legislatura de Puerto Rico aprobó en 1919 una "Ley de salario mínimo para la mujer" que otorgó varias protecciones a las trabajadoras (Centro de Investigaciones Sociales, 1976). Sin embargo, las mujeres que trabajaban a domicilio, como las costureras, fueron explícitamente excluidas de los derechos adquiridos. Para 1930, la tasa de trabajo asalariado de las puertorriqueñas aumentó de 9.9 a 26% debido a las industrias de la aguja y el tabaco (Silvestrini de Pacheco, 1979). La aguja empleaba el porcentaje más alto de mujeres asalariadas en Puerto Rico, incluyendo 50,000 costureras a domicilio. Esas trabajadoras mantenían una carga laboral de 9 a 11 horas diarias mientras cobraban 2 centavos o menos por hora (Centro de Investigaciones Sociales, 1976).

Las próximas dos décadas fueron de gran transformación mundial y nacional. La Segunda Guerra Mundial y la creación del Estado Libre Asociado ahondaron en la necesidad de manufactura, lo que abonó a la migración de mano de obra desde el campo. La industria de la aguja se convirtió en la segunda con mayor exportación en el país. Cabe visibilizar a las mujeres que emigraron al este de Estados Unidos. Conocemos por la pionera bibliotecaria Pura Belpré que ya jóvenes como ella trabajaban en fábricas textiles de Nueva York para los 1920s (Méndez Panedas, 2020). Pero en la década de 1950 este número aumentó, alentada en parte por el gobierno de Puerto Rico que buscaba bajar la tasa de desempleadas; entre ellas conocemos a Lolita Lebrón (Jiménez de Wagenheim, 2016). La revolucionaria relató que su experiencia en esas fábricas como una de las causas de su radicalización. Las grandes empresas también se beneficiaban de la mano de obra menos costosa de las mujeres racializadas en Estados Unidos.

Pero en Puerto Rico, las exenciones contributivas a farmacéuticas y la profesionalización de las jóvenes hicieron que la aguja fuera descartada. La costura a domicilio decayó al 3.8% del empleo femenino para 1960 (Silvestrini de Pacheco, 1979). La industria textil mundial ha continuado explotando a las mujeres de países sin protecciones laborales. Aun así, las destrezas y los sueños de independencia económica dejaron su legado permanente en las costureras de Puerto Rico.

Las costureras

"El censo manufacturero de 1935 encontró que solo el 11.7% de obreras en la industria de la aguja trabajaba en factorías comparado con un 35% que trabajaba a domicilio."
Silvestrini de Pacheco (1979, p. 95)

La costura era aprendida por mujeres de clase acomodada en el Puerto Rico del siglo XIX. Por ejemplo, la revolucionaria Mariana Bracety Cuevas cosía en sus haciendas en Añasco y Lares (Cancel Sepúlveda, 1985). La sufragista y científica Ana Roqué Géigel enlistó la costura como una de las materias aprendidas en su niñez en la Escuela de los Tapias (González Gómez, 2001).

Esto cambió luego de la colonización estadounidense. Lo que las ricas habían aprendido como tarea del hogar, las trabajadoras lo tuvieron que realizar para la subsistencia. Las costureras del siglo XX fueron un reflejo de las condiciones nacionales.

La mayoría tenían poca o ninguna escolaridad y laboraban desde los 15 años, con un promedio entre los 26 y 35 años de edad (Safa, 1998; Silvestrini de Pacheco, 1979). Solían ser madres casadas, por la conveniencia de trabajar desde el hogar. En promedio, ganaban un centavo por hora o $10 semanales; solían coser pañuelos, ropa de cama y para toda la familia, entre otros. Mayagüez fue el pueblo con mayor cantidad de costureras.

Al ir adentrándose en edad, las fábricas dejaban de contratarlas en preferencia de mujeres jóvenes que creían con más energía. Este edadismo profundizó la inseguridad laboral y la elección por el autoempleo.

A pesar de estas condiciones, ser costurera otorgó un nivel de independencia económica. Según la investigadora Safa, algunas de sus entrevistadas les expresaron que pudieron salir de situaciones de violencia de género por no sufrir de dependencia. Este sentido de autonomía fue parte de lo que permitió crear un legado que sobrevive generacionalmente.

Hay tres costureras en el presente libro: Mariana Bracetti Cuevas, Dominga de la Cruz Becerril, Lolita Lebrón Sotomayor. Ana Roqué Geigel de Duprey aprendió a coser pero no lo ejerció. Luisa Capetillo Perone cosía mientras su madre atendía otras labores domésticas para una familia prominente de Arecibo.

Cada una de sus vidas narra una parte de la historia puertorriqueña, al igual que las costureras como colectivo.

Legado generacional

"Porque yo coja un hombre y que yo tenga que mantener a ese hombre, pasar malos ratos y maltrato, pues me quedo sola veinte mil veces. Me encuentro mejor sola porque así sola yo tiro pa' donde yo quiera y no tengo que estar pidiéndole."

Evarista, costurera
(Citada en Safa, 1998, p. 116)

Muchas de las costureras movieron su arte hacia el autoempleo ante la decadencia de la industria en la década de 1970. En algunos casos este oficio se pasó generacionalmente a hijas y nietas.

En esta historia hay un legado sindical del que se habla muy poco. El imaginario de las grandes huelgas y movimientos no suele incluir a trabajadoras que estaban presentes.

Alrededor de 3,000 costureras que trabajaban a domicilio estaban unionadas a la Federación Libre de Trabajadores (Silvestrini de Pacheco, 1979). El liderato no les permitió participar de la negociación por un salario mínimo con el gobierno estatal y federal. En consecuencia, fueron excluidas de los derechos otorgados por la Ley 45-1919 y de las leyes estadounidenses de equiparación salarial. En 1933, las que trabajaban en la fábrica realizaron una huelga en Mayagüez por mejores salarios. Durante un enfrentamiento en la línea de piquete hubo 60 heridos, muriendo una mujer y una niña. En 1934, se hizo otra huelga en Ponce por salario mínimo.

De nuevo, las costureras fueron reflejo de la realidad puertorriqueña que se agitaba en grandes huelgas. Luego reflejaron al modelo económico dominante, ya que la organización fue grandemente afectada por sindicatos patronales y el individualismo que se fomentó durante la Guerra Fría (Safa, 1998).

Quizás el legado más persistente en nuestro tejido social es el comienzo en práctica de la mujer autónoma moderna que se rehúsa a la opresión de género y laboral.

"Unas manos útiles son preferibles a unas simplemente bellas."
Luisa Capetillo Perone (1911, p. 8)

Las costureras de Puerto Rico cargaron la colonización en sus cuerpos, con esa economía impuesta que piensa a los seres humanos como desechables si no sirven a la productividad.

Ante esa dura realidad, nos legaron la insistencia en sobrevivir y vivir usando los saberes impuestos a su favor, el de sus familias y de su patria.

¡Conoce el legado de las COSTURERAS!

Referencias

Cancel Sepúlveda, M. (25 de julio de 1985). *Mariana Bracetti Cuevas: Un perfil y una imagen*. Conferencia "Mariana Bracetti: símbolo de libertad". Círculo Fraternal Mariana Bracetti.

Capetillo Perone, L. (1911). *Mi opinión sobre las libertades, derechos y deberes de la mujer*. The Times Publishers Company.

Centro de Estudios, Recursos y Servicios a la Mujer del Centro de Investigaciones Sociales de la Universidad de Puerto Rico. (1976). *Participación de las mujeres en la historia de Puerto Rico* [Documental]. VICOM.

González Gómez, L. S. (2001). Ana Roqué de Duprey: Trozos de historia de la educación puertorriqueña. *Pedagogía*, 35(1), 74–83.

Iglesias, S., & Marcantonio, V. (13 de febrero de 1939). "Justo Detrés y María Sotomayor a F. D. Roosevelt." *New York Public Library, Marcantonio Papers* (Caja 16).

Jiménez de Wagenheim, O. (2016). *Nationalist heroines: Puerto Rican women history forgot, 1930s–1950s*. Markus Wiener Publishers.

Ley Núm. 45 de 9 de junio de 1919. *Ley estableciendo el mínimo de jornal para las mujeres trabajadoras y para otros fines*. Asamblea Legislativa de Puerto Rico.

Méndez Panedas, R. (2020). *Historias de mujeres puertorriqueñas negras*. Editorial EDP University.

Randall, M. (1979). *El pueblo no sólo es testigo: La historia de Dominga*. Ediciones Huracán.

Safa, H. I. (1998). De mantenidas a proveedoras: Mujeres e industrialización en el Caribe. *Editorial de la Universidad de Puerto Rico.*

Silvestrini de Pacheco, B. (1979). La mujer puertorriqueña y el movimiento obrero en la década de 1930. *Cuadernos de la Facultad de Humanidades,* 3, 82–104, Universidad de Puerto Rico, Recinto de Río Piedras.

Clara Lair:
Pionera de la poesía feminista

"¡Soy tu igual, camarada!
¡No has de quitarme todo
para dejarme nada!"
Mercedes Negrón Muñoz, "Clara Lair"
Frivolidad (1937)

Si te digo el nombre de Clara Lair lo más seguro es que no conozcas de quién hablo. Tal vez has visto una calle con su nombre en el Viejo San Juan. Pero Clara es una mujer barranquiteña con un legado digno de rescatar y difundir. Su poesía demostró que en la clase intelectual de principios del siglo XX hay espacio para una mujer... Y para dos o más.

Por su nivel económico pudo conformarse con ser solo "la prima de" pero se dedicó a trabajar su talento. Uno que hizo historia en las letras puertorriqueñas.

"La prima de..."

"¿Y yo? Yo lo he tenido todo, de la gloria a la herida.
Y te fuiste inmutable lo mismo que viniste.
¿Y yo? ¡Yo no estoy triste!
Yo estoy plena y vacía de nada, como la vida".

Perdón (1937)

Clara nació el 8 de marzo de 1895 en el pueblo de Barranquitas con el nombre de Mercedes Negrón Muñoz (Belén, 1996; López-Baralt, 2003). O sea, su natalicio se conmemora en la misma fecha que el mundo marcha por el Día de la Mujer Trabajadora, el 8M.

Si vuelves a leer sus dos apellidos y su pueblo, no te será difícil entender cómo obtuvo su educación de excelencia. Clara se crió en una familia privilegiada en lo económico y en lo cultural. Su tío y su papá fueron ambos poetas de su pueblo: Quintín y José Negrón. Su hermana fue la sufragista y periodista Ángela Negrón Muñoz. Su tío materno no fue otro que el poeta y político, Luis Muñoz Rivera. Por lo que su primo era Luis Muñoz Marín, primer gobernador electo de Puerto Rico.

Durante sus años escolares en Barranquitas y Ponce, estudió piano y fue amiga del compositor Juan Morel Campos. Sus dotes comenzaron a florecer al escribir en la revista *Juan Bobo* bajo su primer seudónimo: Hedda Gabler.

Con ese bagaje familiar, Clara tuvo los recursos que la mayoría de las mujeres en Puerto Rico no podían acceder a principios del siglo XX. Pero utilizarlos para ayudar a adelantar la poesía feminista en nuestro país le merece mérito propio.

Poeta en la diáspora

"A veces soy tan lejos, lejos de todo ésto.
A nada me acomodo, en nada me recuesto:
Las palmas, los coquíes son sonido, paisaje...
Yo siempre estoy ausente, yo siempre estoy de viaje."
Angustia (1937)

Clara emigró a Nueva York con su familia en 1918, cuando tenía 25 años (Belén, 1996; López-Baralt, 2003; Rosario-Vélez, 2011). Allí vivió en la afluente comunidad *Village*, lo cual dista de la experiencia de la mayoría boricua en la diáspora.

Ella trabajó como mecanógrafa en una firma comercial bajo un banquero, lo cual no le apasionaba. Sus escritos personales y poéticos demuestran su experiencia como mujer inquieta en un país desconocido. Le escribió a su amigo Félix:

> "Eran gentes pesadas, hombres viejos que trataban de sustituir la perdida virilidad con rudos gestos de amor. Yo no quería entonces trabajar, pero no me quedaba más remedio. Quería amar, ser amada, mirar las cosas bellas, ser bella yo misma. Perdemos la juventud ganándonos la vida."
> (Citada en López-Baralt, 2003, p. xi)

Aunque se conoce poco de su tiempo en esta ciudad, se sabe que en esos 14 años escribió su primer poemario: *Un amor en Nueva York*. También se puede imaginar que experimentó en el mismo centro del mundo financiero la caída de la Bolsa de valores de *Wall Street* que inició la Gran Depresión de 1929.

Una última cosa que se conoce es que allá nació el seudónimo con el que quedaría inmortalizada: Clara Lair. Hay dos versiones y ambas concuerdan en que su punto de partida fue un enamoramiento con su jefe que nunca se concretó. Este señor aparece en su poesía como "El Príncipe Don Felipe".

Según la escritora Isabel Cuchi Coll, el jefe de Mercedes la confundía con su amante de nombre Clara. El apellido Lair (guarida, en español) era como él llamaba al escondite donde se veía con sus amantes (López-Baralt, 2003). Su amiga y actriz Yeyita Cervoni recordó que el dueño de la fábrica le llamó Clara al conocerla y la invitó a salir (Belén, 1996). La citó a comer a un lugar llamado Villa Clair. Al llegar en taxi y ver lo lujoso del lugar, ella no quiso entrar para no destruir la ilusión con la realidad.

La comodidad que disfrutaba al ser de una familia influyente no le hizo defender el rol tradicional de su género. La joven comenzó a mostrar su talento y a proveerle el giro feminista que dejaría huella, bajo un nombre que le proveyó identidad propia lejos de sus reconocidos apellidos.

Dos feministas contemporáneas

> *"¡Cómo no sorprenderme y ofuscarme,*
> *la vulgar maravilla que soy!"*
> Yo (p. 27)

De vuelta a Puerto Rico, la poeta publicó su primer libro *Arras de Cristal* en 1937. El poemario lo volvió a publicar en 1950 en un compendio junto a otros dos títulos: *Trópico Amargo* y *Más allá del poniente*. Sus letras ganaron la admiración de un círculo literario mayormente reservado para hombres: la Generación del 30. ¿Cuál fue el rol de este movimiento? Fue esa la clase intelectual que tuvo la tarea de redefinir qué era ser "puertorriqueño" luego del cambio de nación colonizadora: de España a

Estados Unidos (Basañez Barrio, 2019). El centro era mostrar la identidad: cómo y por qué los boricuas somos como somos.

Hay un problema académico que reproduce la invisibilización de las mujeres. Los hombres destacados son mencionados pero la mención de las mujeres se reduce a una sola. Y además, a la mujer que se menciona se le despoja de su aspecto político mientras a los autores varones se recuerdan como sujetos políticos que definen la sociedad. En el caso de la Generación del 30 se mencionan como autores y obras definitorias a Enrique Laguerre Vélez con "La Llamarada" y Antonio Pedreira con "Insularismo", entre otros. Pero las autoras son reducidas en la figura de Julia de Burgos, quien también es a su vez resumida a su faceta romántica, obviando su amplia obra política. Según Basañez Barrio (2019, pp. 2-3):

"Al nombre de Julia de Burgos podrían también añadirse el de la también escritora boricua Clara Lair, entre otros, por lo que nos hallamos frente a una tendencia en la isla caribeña que relega la producción femenina a un lugar de desventaja frente a los nombres masculinos. Y ofrece, por tanto, un cuerpo en el que sí son todos los que están, pero no están todos y, sobre todo, "todas" las que son."

A todo esto, las letras de Clara sí fueron reconocidas mientras ella estaba en vida (López-Baralt, 2003). Una lista de sus galardones incluyen: Premio de Periodismo (1946), Premio del Instituto de Literatura Puertorriqueña (1950), publicación de su obra por el Instituto de Cultura Puertorriqueña (1961), Homenaje de la Sociedad de Autores Puertorriqueños (1967) y Escritora en Residencia de la Universidad de Puerto Rico (1969). Su talento la llevó a estar activa en las instituciones culturales de la época. Clara se presentó en el Ateneo Puertorriqueño, publicó para la revista *Puerto Rico Ilustrado* y el periódico *El Mundo* y trabajó para la Biblioteca Carnegie. También fue secretaria de su primo Luis Muñoz Marín en 1937, justo antes de la fundación del Partido Popular Democrático. En 1963 ayudó a abrir el Ateneo Puertorriqueño en Nueva York.

Cabe preguntarse por qué una persona tan reconocida por su arte ha sido olvidada en la memoria histórica. Contemporánea a Julia De Burgos, la brillantez poética de Clara ha sido opacada en una sociedad que no le ve espacio a dos genialidades femeninas sin ponerlas a competir. Si bien ambas mujeres se diferencian en aspectos como clase social y raza, ambas eran prolíficas poetas escribiendo, a su distintiva manera, y visibilizando las experiencias de las mujeres puertorriqueñas.

Su pensamiento

"Es la nueva generación femenina que este pueblo forma la que obtendrá este voto que nosotras hoy casi no podíamos utilizar. Serán mujeres de valor intrínseco, cantidades fuertes que obtendrán una cifra en la cultura, otra en la energía, otra en la salud perfecta, otra, la más considerable de todas, en la potestad de vivir por sí mismas altivamente."
(Citada en Belén, 1996, 18:00)

Clara regresó a un Puerto Rico en plena convulsión política y económica, en una década definida por protestas, miseria, huracanes, huelgas, masacres y represión (López-Baralt, 2003; Rosario-Vélez, 2011). La escritora palpó sus reflexiones de esta realidad en su arte.

El feminismo de la barranquiteña es evidente en el cuestionamiento y desafío de sus roles de género, tanto en su vida profesional como en su vida personal.

Según la crítica literaria López-Baralt: "La conciencia del género y el tema erótico son los denominadores comunes de la tan diversa expresión lírica de nuestras poetisas de principios del (siglo) veinte" (2003, p. xxii). Hay que notar que Clara no cuestiona la raza en su obra, contrastando con contemporáneos suyos como Luis Palés Matos y la misma Julia de Burgos.

En su vida personal, Clara no creía en el matrimonio ni en la maternidad. Como se evidencia en la frase de apertura de este subtema, ella apoyaba la lucha por el voto femenino. Desconozco si hubo influencia de su hermana sufragista: Ángela.

Además del feminismo, Clara escribió sobre lo que ocurría en Puerto Rico. En 1934, publicó en Puerto Rico Ilustrado el escrito "Un caso de leyenda" analizando la realidad del país en ese momento. La barranquiteña analiza que mientras en la colonia nada ocurre más allá de los problemas individuales y "el pueblo en general depende, para su mejor fiesta pública, del poder dramático de sus líderes políticos", las fábricas del colonizador "absorben el poder productor de la isla" ocasionando que "las otras dos terceras partes (de la población) pululan en la incertidumbre o en la miseria" (p. 18).

Al ver a su amigo Luis A. Ferré abogando por la anexión de Puerto Rico a Estados Unidos, Clara expresó su sorpresa de que se "haga un ideal de eso" recordando que vio en su tiempo en la diáspora a gente "cerrada herméticamente dentro de su nacionalidad, su raza y su religión" (López-Baralt, 2003,p. xlv). En contraste, deja saber su orgullo nacional: "Yo nací aquí y quiero morir aquí. Me he acostumbrado hasta a buscar a Dios detrás de este cielo. Surgí entre unas gentes que habían estado en esta isla por siglos".

También reconoce la realidad colonial de la extracción de recursos naturales cuando expresa: "estrechas calles apretujadas de máquinas que envenenan el aire" y ver "esos frutos volver a nosotros en cajas frías y sin sabor en latas cerradas".

"Mercedes era una persona fascinante. Hay quienes creían que ella era una persona triste pero no, al contrario, Mercedes era una persona alegre. Siempre vivía con la alegría del vivir (...) Vivía amando."

Felisa Rincón de Gautier
(Belén, 1996, 12:29)

Clara se aisló en su casa del Viejo San Juan los últimos años de su vida, en precariedad económica y en ambiente insalubre (Belén, 1996; López-Baralt, 2003).

De vez en cuando recibía a algunas amistades bohemias.

La poeta murió de cáncer el 26 de agosto de 1973 en el Hospital Auxilio Mutuo a sus 78 años. Fue despedida en el Ateneo Puertorriqueño y luego por el ex-gobernador y su primo, Luis Muñoz Marín. El Instituto de Cultura Puertorriqueña le dedicó un homenaje póstumo, donde la describió como una "ilustre poetisa, cuyos trabajos, en prosa y en verso, honraron tantas veces nuestras páginas" (1973, p. 1).

A pesar de haber sido despedida con los mayores honores culturales, actualmente su recuerdo no ha sido preservado para la mayoría de Puerto Rico. Pero su huella sigue presente hoy, si la sabemos buscar.

Cuando camines en el Viejo San Juan, frente a La Rogativa, alza la vista y verás una calle nombrada en su honor. Allí fue su residencia.

Clara Lair fue una de las primeras en escribir en sus poemas sobre el derecho de la mujer al placer y nos ayudó a definir la puertorriqueñidad.

Es hora de que visibilicemos su legado y su genialidad. Al hacerlo, reafirmamos que más de una mujer puede sobresalir en su campo. Que somos todas de experiencias diversas, que todas merecen conocerse. Que no hay una sola forma de ser mujer. Que no hay una sola forma de ser puertorriqueña.

¡Recuerda a la poeta feminista: CLARA!

Referencias

Basañez Barrio, E. (septiembre de 2019). Falocentrismo en la literatura puertorriqueña de primer decenio del siglo XX: ¿...Y Julia de Burgos? *Revista de Humanidades, Arte y Cultura Independiente,* (6), 1-9.

Belén, I. (1996). *Una pasión llamada Clara Lair* [Documental]. Instituto de Cultura Puertorriqueña. (julio-septiembre de 1973). Ha muerto Clara Lair. *Revista del Instituto de Cultura Puertorriqueña,* XVI(60), 1.

Lair, C. (1937). *Arras de cristal.* Biblioteca de Autores Puertorriqueños.

Lair, C. (14 de abril de 1934). Un caso de leyenda. *Puerto Rico Ilustrado.*

López-Baralt, M. (2003). *De la herida a la gloria: La poesía completa de Clara Lair.* Terranova.

Rosario-Vélez, J. L. (invierno de 2011). Clara Lair: Poeta en Nueva York. *Letras Femeninas,* 37(2), 157-178.

Rebekah Colberg Cabrera: Precursora de Mónica y Jasmine

> *"Cuando una ve la gallardía de nuestras muchachas en la lucha deportiva no puede menos que sentirse con deseos de hacer su parte correspondiente. Es un honor."*
> Rebekah Colberg Cabrera
> *El Mundo* (1938, p. 10)

Hay un hecho: Las dos medallas olímpicas de oro para Puerto Rico han sido logradas por mujeres.

Hoy recordamos con mucho orgullo a Mónica Puig Marchán levantando esa bandera azul cielo en las Olimpiadas Río de Janeiro 2016. También a Jasmine Camacho-Quinn aceptando el oro con la flor de maga incrustada en su oreja para Tokyo 2020.

Estas victorias no hubiesen sido posibles sin las mujeres deportistas que insistieron hasta lograr participar en juegos internacionales a la par con sus colegas varones. Una de ellas fue Rebekah Colberg Cabrera, la atleta, educadora y doctora cuya vida fue un sobresalir constante a pesar del machismo que enfrentó.

Conoce a Rebekah, pionera del atletismo puertorriqueño y del deporte femenino. Sin ella, Mónica y Jasmine no hubiera sonado La Borinqueña en el podio olímpico... O sea, ¡no tendríamos oro!

Atleta pionera

"Entrenador:
Usted maneja muy bien el 'top-spin' americano.
Rebekah:
No señor, yo manejo bien el 'top-spin' puertorriqueño."
El Mundo (1938, p. 12)

Rebekah nació un 25 de diciembre de 1912 en Cabo Rojo (Archivo Universitario, 2020). El inicio de su vida aparenta ser de tranquilidad, a pesar de los difíciles años que vivía Puerto Rico. Un periodo de enfermedad la tocó cuando sufrió malaria, por lo que se trasladó a las salinas de su pueblo para mejorar (Badillo, 1938). Allí aprendió a correr.

Desde entonces, la niñez de Rebekah fue muy activa: el inicio de una vida de aprendizaje constante en el ejercicio físico y la salud. Al regresar a su casa en el centro del pueblo, creó un área para hacer deportes y jugó improvisadamente al tenis con su hermano en la plaza pública.

Rebekah entró a la Escuela Secundaria de la Universidad de Puerto Rico (UPR). Allí le añadió el béisbol a su repertorio deportivo. La joven participaba frecuentemente en torneos comunitarios de voleibol, tenis, baloncesto y pista y campo. Ella le contó en entrevista a Badillo, periodista de *El Mundo*, que ganó su primer trofeo en voleibol en 1929.

Al ingresar a la UPR en 1932, se destacó como atleta universitaria en pista y campo, ganando en salto a lo alto, tiro de jabalina, tenis y como parte del equipo de baloncesto. Rebekah se graduó de bachillerato en Ciencias y Farmacia en 1934.

La prometedora atleta fue escogida como Instructora de Educación Física de la UPR en 1935 (Archivo Universitario, 2020). De este puesto obtuvo una licencia para asistir a su cita con la historia del deporte boricua: los IV Juegos Centroamericanos y del Caribe.

Era 1938 y el derecho al voto de todas las mujeres puertorriqueñas se había logrado hace solo tres años. Una delegación de atletas puertorriqueños partió hacia Panamá para participar en los Centroamericanos (Uriarte González, 2009). Todos los atletas eran varones. Dos mujeres actuaron con premura para llegar antes del inicio de los Juegos y cambiar la historia deportiva puertorriqueña.

Las universitarias Colberg Cabrera e Iris Zengotita cabildearon ante el gobierno y entidades civiles por auspicios para su viaje. El senador Celestino Iriarte logró transferir fondos de la Legislatura a la oficina de Fortaleza. El grupo de mujeres logró el endoso del gobernador interino Rafael Menéndez Ramos para la participación de nueve mujeres atletas.

Esta fue la primera vez que una delegación nacional incluyó a mujeres. Como si no fuera suficiente historia, Rebekah regresó con dos medallas de oro: tiro de disco y de jabalina. Ella e Iris lograron una medalla de plata junto al equipo de voleibol femenino. El oro de Rebekah fue la primera medalla internacional femenina para Puerto Rico. La plata en voleibol fue nuestra primera medalla femenina grupal.

Un vistazo al Archivo Digital del periódico *El Mundo* demuestra que Rebekah fue ampliamente honrada por el país al regresar de su hazaña en Panamá.

Académica y doctora

"La finalidad primordial del deporte no es vencer, no es acumular más puntos en las anotaciones de las competencias, sino en formar cuerpo saludables y espíritus despiertos, que puedan rendir obra de beneficio a la comunidad."
El Mundo (1938, p. 12)

A pesar de su medalla, Rebekah continuó enfrentándose al machismo institucional. Ese mismo año no la recomendaron para una beca para continuar con sus estudios posgraduados. Las razones demuestran la realidad de los tiempos para las mujeres.

El Decano Interino de la UPR aceptó que la profesora obtuviera licencia para comenzar su Maestría fuera de Puerto Rico (Sellés Solá, 1938). Pero aunque concedió que obtener este grado beneficiaba a la Universidad, no entendía que debían becarla porque "la señorita Colberg es soltera" y podía ahorrar para sus gastos. Añadió que "no posee aún la madurez", comparándola con "padres de familia" que han sacrificado para pagar sus estudios por "esfuerzo propio". Sin embargo, la Junta de Síndicos le otorgó la beca a tiempo para llegar a su primer semestre.

Rebekah cursó y terminó su Maestría en Educación Física de *Columbia University* a solo un año de hacer historia en los Centroamericanos (Archivo Universitario, 2020). Es curioso que la profesora continuó aprendiendo deportes como cuando era niña.

Durante su estancia en Nueva York practicó hockey, que luego enseñó en la UPR. Según su Informe Anual 1945-1946 (UPR), enseñaba además voleibol, baloncesto, tenis, natación y *softball*.

La caborrojeña no dio indicios de amilanarse frente al machismo. Luego de la experiencia negativa para obtener su beca de Maestría, solicitó una equiparación de sueldo por razón de estudio y experiencia entre los años 1939 y 1941. Así justificó su exigencia a la Junta de Síndicos (1940):

> "Por seis veranos consecutivos y un año académico, he ido a estudiar a la Universidad de Columbia en Nueva York, incluyendo dos veranos de estudios en Europa. Obtuve el grado de Maestra en Artes, especializada en Educación Física, en el 1939. Además de mi preparación académica, poseo experiencia que no poseía cuando fui nombrada en el 1935."

Rebekah renunció a la docencia en 1949. No encontré evidencia de que su salario fue cambiado.

La atleta-profesora agregó "doctora" a su resumé al obtener el grado de Medicina Deportiva en la Universidad Nacional Autónoma de México (1953). Durante el resto de su vida profesional se fue especializando en pediatría y psiquiatría, las cuales practicó en Nueva York y Cabo Rojo.

Legado

"Mi propósito, que es una obsesión, de levantar el deporte entre el elemento femenino del país."
(*El Mundo*, 1938, p. 12)

Rebekah Colberg Cabrera, hoy considerada "La Madre del Deporte Femenino", murió en 1985. El Coliseo de su natal Cabo Rojo lleva su nombre, al igual que el Polideportivo y la Escuela del Deporte de San Juan.

Uno de sus legados menos conocidos es que publicó la traducción principal al español de las reglas del baloncesto para Latinoamérica (Archivo Universitario, 2020).

Otro fruto de la semilla sembrada por Rebekah floreció en 1960. La esgrimista Gloria Colón Muñoz se convirtió en la primera mujer en representar a Puerto Rico en unos Juegos Olímpicos (Huyke, 1960). No sería hasta 2016 que ganaríamos la primera medalla de oro como país y fue una mujer, Mónica Puig Marchán (Comité Olímpico Internacional, 2016).

Curiosamente, esa primera medalla de oro alcanzada por Mónica fue en uno de los deportes que Rebeca amó desde su niñez: el tenis.

Discrimen que continúa

No puedo cerrar un escrito de los logros de una mujer como Rebekah sin visibilizar la discriminación que experimentó por su género. No solamente de ese machismo abierto sino también del que se esconde en el discurso.

El periodista Badillo realizó una crónica para *El Mundo* luego del triunfo de Rebekah en Panamá (1938). Su descripción de la atleta esconde una narrativa aparentemente bien intencionada, y tal vez producto de su época, pero que es importante analizar. Así evitamos repetir el discrimen casi un siglo después.

Badillo describió a Rebekah como "llena de vitalidad y salud y sin haber perdido sus atributos femeninos" (p. 7). También confesó explícitamente que no le preguntó su fecha de nacimiento porque "los años son el eterno problema de las mujeres". En su dedicatoria terminó por develar lo que se entiende como la tarea primordial de las mujeres: "A las mujeres portorriqueñas (sic) que buscan en los ejercicios físicos la vitalidad y la salud que han de legar con orgullo a sus proles".

Ese discurso es el que sobrevive hoy en frases como "corres como nena", como si "nena" o "mujer" restaran vitalidad física. Irónico con la realidad de que las únicas dos medallas de oro olímpicas para Puerto Rico han sido logradas por atletas mujeres.

Además del discurso, hoy se hace urgente atacar el discrimen económico a áreas del deporte todavía consideradas "masculinas". Un ejemplo es el baloncesto, donde el equipo femenino está entre los mejores 15 del mundo, al igual que el equipo masculino (FIBA, s. f.). Sin embargo, los recursos y auspicios con los que cuentan son muy dispares.

Hay un panorama mundial que alega apoyo al "deporte femenino" solo para justificar su transfobia, como en el reciente caso de la campeona olímpica en boxeo 2024, la argelina Imane Khelif. Ese llamado a "defender a las mujeres" no aparenta concretizarse en maneras que de verdad atiendan los discrímenes históricos.

Y es que la realidad de la sociedad patriarcal se refleja en el deporte. Por ejemplo, en octubre de 2023 se firmó una ley que protege del discrimen laboral a madres atletas (Ley 117-2023). En contraste, una investigación de la Unidad Investigativa de Género reflejó múltiples instancias de mujeres atletas que experimentaron acoso sexual por entrenadores, discrimen por orientación sexual, entre otras agresiones físicas y verbales (Díaz Torres,, 2022).

Si bien el Estado y la sociedad alegan una defensa de las mujeres atletas, usualmente es según su visión de "la mujer". Por eso se queda solo en papel y en palabras; no se refleja en la cotidianidad de toda la diversidad de experiencias de "las mujeres".

Tal vez recuperar una heroína histórica del deporte como Rebekah ayude en algo a proveer un ambiente seguro a las futuras niñas que representarán nuestros colores patrios. Y así se comenzará a ver el sueño de "la Madre del Deporte Femenino" concretarse.

¡A insistir como REBEKAH!

Referencias

Académicas y figuras destacadas de la Universidad de Puerto Rico: Aportación de las académicas. (2020). *Archivo Universitario, Universidad de Puerto Rico, Recinto de Río Piedras.*

Archivo Digital del periódico *El Mundo. Global Press Archives.* https://gpa.eastview.com/crl/elmundo

Badillo, S. E. (7 de febrero de 1938). Rebekah Colberg, la muchacha que quiso jugar con un rey. *El Mundo,* 7, 12.

Colberg, R. (20 de mayo de 1940). Honorable Junta de Síndicos. *Archivo Histórico, Universidad de Puerto Rico, Recinto de Río Piedras.*

Díaz Torres, R. R. (26 de mayo de 2022). Discrimen y hostigamiento: Rivales de las mujeres en la cancha del deporte puertorriqueño. *Centro de Periodismo Investigativo.* https://periodismoinvestigativo.com/2022/05/discrimen-y-hostigamiento-rivales-de-las-mujeres-en-la-cancha-del-deporte-puertorriqueno/

El Mundo. (23 de agosto de 1938). Rebekah Colberg regresó ayer de los Estados Unidos, p. 10.

Fédération Internationale de Basketball. (s.f.). *FIBA World Ranking.* https://www.fiba.basketball/en/ranking/women

Huyke, E. E. (23 de agosto de 1960). Puerto Rico participa por 4ta vez en Olimpiadas Mundiales. *El Mundo,* p. 1.

Ley Núm. 117 de 29 de septiembre de 2023. *Ley Protectora de Madres Atletas de Puerto Rico.* Ley del Gobierno de Puerto Rico.

Comité Olímpico Internacional. (s.f.). Mónica Puig: Biography. *Olympics.com.* https://www.olympics.com/en/athletes/monica-puig

Sellés Solá, G. (25 de marzo de 1938). Carta a Juan B. Soto. *Archivo Histórico, Universidad de Puerto Rico, Recinto de Río Piedras.*

Universidad de Puerto Rico. (1945-1946). *Datos para el informe anual.* Archivo Histórico, Universidad de Puerto Rico, Recinto de Río Piedras.

Uriarte González, C. (2009). *80 años de acción y pasión: Puerto Rico en los Juegos Centroamericanos y del Caribe, 1930 al 2010.* Nomos Impresores.

Nilita Vientós Gastón:
Ser la primera abogada pública
no es suficiente

"Hasta que un país no tenga conciencia de sí mismo, es deber ineludible de sus mejores cabezas ayudar a vislumbrar esa conciencia y contribuir a formarla."

Nilita Vientós Gastón
Índice Cultural (1962, p. 192)

Pocas personas en la historia de Puerto Rico pueden reclamar el título de "pionera" tanto como la pepiniana Petronila "Nilita" Vientós Gastón.

Llegar a ser la primera mujer abogada del Departamento de Justicia de un país sería ya suficiente para ser incluída en los libros y la memoria colectiva.

Pero eso no bastó para esta afroboricua. Sus intereses y trabajo arduo a favor de la justicia y la cultura la llevaron a aportar en más de un campo. Y nuestra nación le debe mucho más reconocimiento del que le ha brindado.

Conoce por qué nunca nos debemos olvidar del nombre "Nilita".

Mujer de Derecho y Justicia

"(El español es el) *medio de expresión de nuestro pueblo y esa es una realidad que no puede ser cambiada por ninguna ley.*"
(Citada en Nieves Falcón, 2004, p. 36)

Petronila nació el 5 de junio de 1903 en el seno de una familia de comerciantes de San Sebastián (García, 2002). Su abuela la apodó "Nilita", nombre que usó toda la vida.

La cultura fue su primera y verdadera pasión. De pequeña, los negocios de su padre la llevaron a La Habana y a Nueva York. Allí estuvo expuesta a actividades culturales que no ocurrían en el Puerto Rico recién invadido por Estados Unidos.

Una condición de asma la llevó a estar resguardada durante su niñez. Nilita pasaba sus días en la biblioteca familiar, donde inició su pasión por la lectura. La jovencita nombraba a sus muñecas como personajes de la literatura clásica y realizaba obras con ellas, al haber leído a Víctor Hugo, Benito Pérez Galdós, Rubén Darío, entre otros. Su otra diversión consistía en asistir a la ópera.

De regreso a su patria, Nilita ingresó a la Universidad de Puerto Rico y se graduó en Derecho en 1927. Esos estudios fueron complementados con clases de ópera, mostrando una continua afición por la cultura en su adultez. A sus 29 años ofreció un concierto como soprano acompañada de la famosa pianista Amalia Paoli.

A pesar de su amor por el canto, la abogada decidió ejercer en el campo de las leyes por motivos de seguridad económica. Y fue ese el primer área donde haría historia.

Nilita no lograba conseguir trabajo por ser de las primeras mujeres abogadas. Aún cuando obtuvo empleo, ella recuerda que no le confiaban mucha carga laboral debido a la creencia de la incapacidad de una mujer ejerciendo en un campo considerado "masculino".

Vale recalcar que a Nilita le costó llamarse "feminista" y aceptar el prejuicio que claramente sufrió. Ante tal contradicción, sus amistades comentan en el documental "Las Huellas de Nilita" (2002) que es más fácil de entender si considera su privilegio económico y que fue una mujer soltera y sin hijos. Esto le permitía moverse "como hombre" en sus labores.

Aparte de este debate, Nilita mostró su talento y fue la primera mujer en ser contratada como abogada en el Departamento de Justicia de Puerto Rico en el turbulento año de 1938 (Canetti Mirabal, 2014; Delgado Cintrón, 2010). Su primera tarea fue trabajar con la Ley de 500 acres, que limitaba el acaparamiento de tierras por las empresas azucareras.

En dicha institución ascendió hasta la posición de Procuradora General Auxiliar. Bajo ese título obtuvo otra de sus citas con la historia.

En 1965, ella representó al pueblo de Puerto Rico ante el Tribunal Supremo en uno de los casos de mayor trascendencia del siglo XX: el "Pleito de la Lengua" (Pueblo v. Tribunal; 92 DPR 596). Desde la invasión estadounidense, el inglés fue impuesto como idioma oficial en todas las ramas de gobierno bajo leyes denominadas *English Only*. Poco a poco, las mismas fueron retadas y derogadas por un pueblo que ya tenía su propio idioma.

Nuestra Nilita asumió este reto en la Rama Judicial, alegando que el idioma inglés representaba un obstáculo para el derecho de acceso a la justicia de la ciudadanía. La primera mujer Procuradora General ganó su caso y logró garantizar al español como idioma de los tribunales puertorriqueños.

Mujer de cultura y educación

"Como no se ha inventado hasta ahora ningún medio mejor que el libro para que el hombre pueda continuar educándose, quien renuncia a leer da la espalda al conocimiento."
Índice Cultural (1962, p. 160)

Como si sus logros en las leyes no fueran suficientes, Nilita volvió a hacer historia con su primera pasión: la cultura.

Ella se convirtió en la primera mujer Presidenta del Ateneo Puertorriqueño en 1946. Al momento, esta era la única institución de protección cultural a nivel nacional, pues todavía no existía el Instituto de Cultura Puertorriqueña ni el Conservatorio de Música. Nilita estuvo en el puesto por 15 años, encargándose de continuar la preservación de las expresiones de identidad boricua que habían sido suprimidas durante el intento de americanización.

Además de su presidencia, Nilita dirigió la revista *Asomante* publicada por la Asociación de Graduadas de la Universidad de Puerto Rico (Martínez Capó, 1963). Este medio internacionalizó el pensar intelectual nacional mediante cuentos, obras y artículos en años donde ningún periódico tenía una sección cultural. De *Asomante* y su secuela, *Sin Nombre*, se propagó el talento de figuras como René Marqués, María Teresa Babín, Abelardo Díaz Alfaro, Luis Rafael Sánchez, entre otros.

El pensamiento de Nilita fue uno de internacionalización desde lo nacional (Canetti, 2014). Si con las mencionadas revistas creó un espacio para lo puertorriqueño, en *Índice Cultural* se dedicó a traer debates, reseñas y críticas intelectuales del quehacer intelectual mundial. Estas columnas fueron recopiladas en distintos tomos y se encuentran en la Biblioteca de la Universidad de Puerto Rico (UPR).

Otra creación cultural de la pepiniana fue Poetas, Ensayistas, Narradores (PEN) Club de Puerto Rico Internacional (1965), que sigue en pie hoy.

Mujer de política y resistencias

"Su misión (del intelectual) *es pensar y el pensar siempre produce malestar. Y ese malestar tiene un objetivo, sacudir la rutina, mantener el espíritu alerta, no dejar adormecer la conciencia."*
Índice Cultural (1962, p. 199)

Un dato curioso sobre la vida de Nilita es cómo utilizó el vestido como expresión personal y política (García, 2002).

Un primer ejemplo de ello fue tomar la guagua pública por la Calle Loíza y caminar hacia su trabajo en el Departamento de Justicia vestida con traje, sombrero, cartera y guantes. Esto rompía esquemas de género y clase social en la mitad del siglo XX.

Un segundo ejemplo ocurrió cuando el Comité de Actividades Anti-Americanas de Estados Unidos realizó vistas en Puerto Rico con el objetivo de identificar a supuestos agentes subversivos. Nilita llegó vestida de rojo, color asociado al comunismo y al socialismo, desde su sombrero hasta su sombrilla. Esto en abierto desafío al discrimen ideológico durante la Guerra Fría, que reprimió brutalmente al independentismo y las izquierdas en Puerto Rico.

La solidaridad política de Nilita fue demostrada dentro y fuera de su país. El patriota Heriberto Marín Torres (2022) relata en su libro que la abogada sacó de su tiempo para leer un poemario suyo y escribirle una carta con sus impresiones mientras este se encontraba en prisión por la Revolución de 1950. Internacionalmente, Nilita asistió a la inauguración de Salvador Allende, presidente de Chile y primer mandatario socialista electo democráticamente. En una imagen del periódico Claridad (1970) aparece de camino al país sudamericano junto a los líderes Juan Mari Brás y Ruben Berríos Martínez.

Estos actos demuestran una valentía de su parte, especialmente en un contexto de persecución y cuando ella había sido empleada con altos puestos gubernamentales y culturales.

"Inconformidad con todo lo que debe mejorarse. Disidencia con todo lo que ofenda la dignidad humana y deba cambiarse. Entusiasmo sin límites para luchar por los inconformes y los disidentes."
(Archivo Medios Audiovisuales, 1986, 4:37)

En la postrimería de su vida, Nilita publicó una autobiografía titulada "El mundo de la infancia" en 1984 (Canetti Mirabal, 2014; García, 2002). La UPR Río Piedras, donde fue profesora en la década de 1960, le confirió el honor Doctorado Honoris Causa en 1986. La pionera de tantos logros murió el 10 de julio de 1989 en Santurce. Durante su retiro, organizó su casa alrededor de sus numerosos libros y disfrutaba de recibir en su balcón desde estudiantes hasta Premios Nobel de la Literatura. Te pregunto, ¿conocías el nombre y la vida de esta gran mujer de San Sebastián?

¡Recuerda a la pionera de tanto:
NILITA!

Referencias

Archivo del periódico *Claridad*. (1970). [Foto].

Archivo Medios Audiovisuales. (1986). *Doctorado Honoris Causa a la Lcda. Nilita Vientós - Universidad de Puerto Rico* [Video]. YouTube. https://www.youtube.com/watch?v=5hPwwIGiQo4

Canetti Mirabal, S. (10 de julio de 2014). Dar a leer a Nilita Vientós Gastón. *80grados*. https://www.80grados.net/dar-a-leer-a-nilita-vientos-gaston/

Delgado Cintrón, C. (2010). El derecho en Nilita Vientós Gastón: Saberes jurídicos, cultura y abogacía en una mujer libre e independiente en una sociedad colonial. *Revista de la Academia Puertorriqueña de Jurisprudencia y Legislación* (8).

García, J. C. (2002). *Las huellas de Nilita* [Documental]. Fundación Nilita Vientós Gastón.

Marín Torres, H. (2022). *Coabey: El valle heroico*. Editorial Patria.

Martínez Capó, J. (1963). *Índices de Asomante (1945-1959)*. Instituto de Cultura Puertorriqueña.

Nieves Falcón, L. (Ed.). (2004). *Nilita: La provocación de la palabra*. Fundación Nilita Vientós Gastón & Ediciones Callejón.

PEN Club de Puerto Rico Internacional. (s.f.). *Nuestra historia*. https://pendeprinternacional.com/nuestra-historia/

Revista del Instituto de Cultura Puertorriqueña. (Octubre-diciembre de 1976). Presidentes del Ateneo. p. 3.

Revista Sin Nombre – Documentos. (2024). *Archivo Digital Nacional de Puerto Rico.* https://adnpr.net/

Vientós Gastón, N. (1962). *Índice cultural: Tomo I.* Editorial de la Universidad de Puerto Rico.

ACTIVISTAS

"No acepto como viciosa ni perversa a mujer alguna conceptuada así por cualquier historiador que equivocadamente haya creído que la mujer no tiene derecho a usar de su completa libertad, sin ser conceptuada viciosa, liviana, etc., en tanto el hombre ha podido hacer y realizar, inventar, los más absurdos y ridículos caprichos, sin que pudiese ser mal calificado, despreciado, impedido de concurrir a todas partes sin temor de no ser atendido, respetado y solicitado."

Luisa Capetillo Perone

Capetillo Perone, L. (1916). *Influencia de las ideas modernas.* Tipografía Negro Flores, p. 76

Liga Femínea (1917)

Congreso Federación Libre de Trabajadores (1910)

Fotos: Isabel Picó
Participación de la mujer en la historia de Puerto Rico
Centro de Investigaciones Sociales, Universidad de Puerto Rico, 1986, p. 59 y p. 48

INÉDITA

Ana y Juana:
Las luchas del voto femenino en Puerto Rico

"El mundo marcha...
¿Qué dicen a esto las puertorriqueñas?"
Heraldo de la Mujer (1919)
(En Cisterna Jara & Stecher Guzmán, 2019, p. 47)

La historia de las luchas del voto femenino en Puerto Rico se escribe en plural. Y es que hubo dos grupos luchando para que este derecho fuera reconocido: las sufragistas y las obreras.

Las sufragistas fueron mujeres de clase acomodada y educadas en ideas liberales; ellas trajeron el feminismo a nuestro archipiélago. Las obreras fueron líderes sindicalistas y enfocadas en las condiciones de las trabajadoras; ellas pusieron sus cuerpos en las huelgas contra la explotación de las industrias ausentistas.

El presente escrito no es solo un recuento cronológico de la obtención del sufragio para las mujeres. El propósito principal es presentar las visiones de los grupos activistas, personificados en dos puertorriqueñas históricas: Ana Roqué Géigel de Duprey, científica y sufragista, y Juana Colón, lavandera y líder obrera.

Ana perteneció a las sufragistas que lucharon por el derecho al voto de las mujeres que supieran leer y escribir. Juana era miembro del movimiento obrero organizado que abogó por este derecho para todas las mujeres, incluyendo la mayoría analfabeta. Aunque presento a ambas mujeres en polos opuestos, no es un intento de colocar a ninguna en la trillada dicotomía heroína-villana. Deseo mostrar los contrastes y matices de ambos puntos de vista, colocándolos en el contexto del Puerto Rico de inicios del siglo XX.

Es evidente que la cantidad de documentación histórica de ambos grupos tienen una diferencia abismal. Aunque las sufragistas han sido de por sí invisibilizadas por la historia patriarcal, su trabajo ha quedado documentado en los periódicos que crearon y en la prensa nacional. Las mujeres obreras realizaron un trabajo de base, respaldadas por sindicatos, pero sin los medios para inmortalizar sus esfuerzos. Muchas de ellas, como Juana, no sabían leer ni escribir. Esta es una desigualdad que afecta la reconstrucción histórica hoy, un siglo después.

Advierto a no realizar juicios de estas luchas con un lente actual. Ambos grupos actuaron en una era donde lo que se creía posible para nuestro género era distinto, nuestra nación estaba recién invadida y el mundo se reconfiguraba luego de una guerra mundial.

El país de Ana y Juana

"(José de Diego) *era feminista a su manera, rindiendo culto idolátrico a la mujer ideal, a la mujer santa, a la mujer ángel, a la mujer que, desgraciadamente, solo existe en su imaginación de poeta (...) Sin volver los ojos jamás a la mujer moderna, a la mujer de nuestro días, que ora trabajando, que piensa, que calcula, que vive su vida de lucha y de dolor."*
Heraldo de la Mujer, 1919
(En Cisterna Jara & Stecher Guzmán, 2019, p. 43)

El primer país que garantizó el derecho al voto femenino fue Nueva Zelanda en 1885. En ese momento, Puerto Rico estaba sumergido en una dura represión política por parte del decadente imperio español.

No fue hasta el año 1909 que se presentó el primer proyecto de derechos civiles para las mujeres, incluyendo el derecho al voto, por Nemesio Canales Torresola del Partido Unión (Centro de Investigaciones Sociales UPR, 1986). Que se sometiera esta medida en la Legislatura nos demuestra que era un tema que se discutía o se quería traer a la discusión en el país.

Este sería el primero de aproximadamente 12 proyectos derrotados hasta que se aprueba el voto limitado en 1929. Por lo tanto, el apoyo político no estuvo presente por 20 años. Dentro del propio Partido Unión que presentó ese primer proyecto había diferencias; por ejemplo, su líder José de Diego planteaba que las mujeres no necesitábamos más derechos.

Durante el lapso en que fracasaron estas medidas, Puerto Rico estaba de por sí en su propia realineación política en las primeras décadas luego de la invasión estadounidense de 1898. Los puertorriqueños no podíamos votar por el gobernador dentro del sistema impuesto. Aquellos hombres que votaban lo hacían solo en la rama legislativa.

En el aspecto económico, la entrada de las empresas ausentistas de Estados Unidos provocó que las y los boricuas fueran usados de mano de obra barata (Dietz, 1997). Las industrias del azúcar y el tabaco se llenaron de estas compañías, que comenzaron a tomar extensas áreas de terreno. Lo pudieron hacer porque la imposición del dólar en 1917 implicó una pérdida estimada de 40% del poder adquisitivo de la población local. Esto repercutió en la deuda de familias y empresarios locales que muchas veces recurrieron a vender su tierra y pasar a trabajar en estas fábricas para sobrevivir.

El hecho de que Estados Unidos basó la economía de su nueva colonia mayormente en el monocultivo del azúcar profundizó la pobreza. El trabajo, que ya de por sí era explotador, se detenía durante el "tiempo muerto" donde no se cultivaba caña.

Las mujeres estaban presentes en el mundo laboral, muchas veces junto a sus crías, en los trabajos peores pagados como, por ejemplo, despalilladoras de tabaco y costureras (Méndez Panedas, 2020). No podemos ignorar la realidad racial; el sistema esclavista abolido en 1873 fue seguido por uno considerado "semi-esclavo", donde familias negras continuaron trabajando para sus antiguos propietarios.

Paralelamente, las ideas libertarias de los movimientos estadounidenses eran respetadas por mucha de la clase política nacional que acababa de salir del sistema monárquico español. El feminismo europeo y estadounidense era seguido por mujeres de la clase acomodada. El sindicalismo estadounidense entró en Puerto Rico con el discurso de extender los derechos laborales que se luchaban también allá.

Las luchas del derecho al voto femenino fueron expresiones dentro de este contexto nacional, expresado en dos realidades paralelas pero distintas (Barceló Miller, 1997; Valle Ferrer, 2006; Valle Ferer, 1990). Los inicios de la organización feminista datan de 1890 cuando las mujeres profesionales comenzaron a denunciar la desigualdad en el acceso a la educación. Los grupos de maestras, farmacéuticas, doctoras y enfermeras unieron sus reclamos en el derecho al voto. Pero estas sufragistas eran la excepción en una sociedad mayormente obrera; aún para 1920, las profesionales eran el 2.2% de la población femenina.

En 1908, sindicalistas de la Federación Libre de Trabajadores (FLT) aprobaron una resolución en su Congreso Obrero para solicitar a la Legislatura un proyecto de ley para extender el voto a las mujeres. Luisa Capetillo Perone defendió el derecho al voto femenino universal en esta actividad. Pero en ese momento, las obreras priorizaron la lucha por una mejor supervivencia económica sobre el sufragio.

En 1917, las sufragistas fundaron la Liga Femínea Puertorriqueña y los periódicos/revistas feministas *La mujer del siglo XX* y *Álbum Puertorriqueño*. En 1919, el Congreso de Mujeres de la FLT aprobó su resolución pidiendo que pasaran al fin el proyecto. En 1920, las sufragistas fundaron otro periódico feminista, *El Heraldo de la Mujer,* como medio de propagar su agenda. La presente columna es abierta con una frase impresa en dicho medio.

Vale recalcar que en 1919 explotaron las grandes huelgas tabacaleras en Puerto Rico (Méndez Panedas, 2020). Las líderes obreras se hicieron presente en las líneas de piquete, algunas siendo disparadas. Para ellas, el alegato de las sufragistas de aprobar el voto solo para las mujeres que supieran leer y escribir implicaba un discrimen por clase social.

En 1920, las mujeres estadounidenses lograron el voto mediante la Enmienda 19 a su Constitución. Sin embargo, este derecho no fue extendido a las puertorriqueñas (Cisterna Jara & Stecher Guzmán, 2019). La exclusión fue retada sin éxito por ambos grupos, sufragistas y obreras, a través de casos legales y cabildeo. De nuevo, la realidad colonial añadió otra capa de opresión a nuestras mujeres.

Ese mismo año, las obreras fundaron la Asociación Feminista Popular de Mujeres Obreras de Puerto Rico (AFPMOPR), auspiciada por la FLT (Barceló Miller, 1997; Centro de Investigaciones Sociales UPR, 1986; Valle Ferrer, 2006). En 1921, las sufragistas convirtieron la Liga Femínea en la Liga Social Sufragista y añadieron el objetivo de abogar por el derecho de las mujeres a ocupar escaños políticos. En 1925, crean la Asociación Puertorriqueña de Mujeres Sufragistas, específicamente para lograr el voto de las mujeres alfabetizadas. Una de las estrategias que emplearon las sufragistas fue adentrarse públicamente en el cabildeo por este y otros asuntos sociales para demostrar la capacidad política de las mujeres.

El 18 de abril de 1929 se logró al fin la firma de la primera ley del sufragio femenino. La limitación que presentaba fue la propuesta por las sufragistas: saber leer y escribir. Este requisito no aplicaba a los hombres, solo a nosotras.

La primera elección donde las mujeres pudieron votar fue en 1932. La Liga Social Sufragista logró que una de las mujeres aspirantes resultara victoriosa. María Luisa Arcelay fue electa para la Cámara de Representantes, convirtiéndose en la primera mujer legisladora en Puerto Rico y Latinoamérica. Ella sería la única representante femenina por dos cuatrienios.

La figura de Arcelay mostraba las mismas contradicciones que las luchas por el voto. Ella fue una maestra de Mayagüez convertida en empresaria textil que enfrentó huelgas de sus empleadas y fue atacada por el liderazgo obrero.

Los motivos por el cual se aprobó ese primer proyecto aparentan estar bajo la realidad de los partidos políticos locales. Un motivo para oponerse al voto femenino sin limitaciones fue la creencia de que este favorecería al Partido Socialista, donde militaban muchas de las obreras. En contraste, muchas sufragistas prominentes pertenecían al Partido Unión (Ana Roqué Géigel de Duprey) y al Estadista Republicano (Arcelay). Además, los conservadores querían tranquilizar a las prominentes feministas en sus filas.

Vale visibilizar que hubo sectores autonomistas e independentistas que se opusieron al voto femenino por considerarlo una imposición estadounidense que iba contra los valores hispánicos. Otra posición era que de nada servía que las mujeres pudieran votar si lo harían para continuar otra opresión: el colonialismo que sufre todo el país y que imposibilita una democracia real.

Otra realidad es que ambas vertientes, la sufragista y la obrera, defendían el rol tradicional de la mujer como madre y cuidadora del hogar. Los discursos aseguraban que el derecho al voto les serviría para mejorar ese rol; tal vez como una estrategia de defenderse del ataque de que la familia se destruiría.

El 23 de marzo de 1935 se logró el sufragio universal mediante una enmienda a la ley de 1929. La Coalición Socialista-Republicana había ganado las elecciones de 1932 con esa promesa a las mujeres y luego de una campaña de alfabetización por las mujeres de la AFPMOPR. Las elecciones de 1936 fueron las primeras donde todas las mujeres pudieron votar.

Este avance estuvo enmarcado en las huelgas azucareras, especialmente en 1934. El Partido Socialista perdió terreno ante el liderazgo que asumió en las mismas el Partido Nacionalista bajo la portavocía de Pedro Albizu Campos. Además, recordemos que los socialistas se beneficiarían de la cantidad de votos que las obreras representaban.

En las elecciones de 1932, cuando solo votaron las mujeres alfabetizadas, el 91% de las alfabetizadas votaron, incluyendo las sufragistas y las que habían aprendido a leer y escribir (Barceló Miller, 1997). Para 1936, cuando todas las mujeres pudieron votar, la mitad de los nuevos electores inscritos eran mujeres. En resumen, desde la aprobación del voto limitado en

1929 hasta la primera elección verdaderamente universal en 1936, más de 275,000 mujeres ejercerieron su derecho al voto.

Si bien estos son los datos de la obtención del voto de las mujeres en el contexto de la época, nos falta adentrarnos en las luchas desde adentro de ambos grupos.

La lucha de Ana: Voto para las alfabetizadas

> *"La mujer puertorriqueña, cuyo anhelo es ayudar al progreso de nuestra patria."*
> Ana Roqué Géigel de Duprey
> *El Mundo* (10 de abril de 1919, p. 11)

La visión de las sufragistas puede ser ejemplificada en quien es considerada su líder mayor: Ana Roqué Géigel de Duprey, científica y educadora de Aguadilla. El pensamiento del voto femenino para las mujeres alfabetizadas ha sobrevivido en sus pioneros periódicos feministas y en entrevistas.

La filosofía sufragista aparenta estar anclada en un deseo de modernizar a Puerto Rico, siguiendo la concepción ideológica de "progreso" de los países industrializados de Europa. Las mujeres educadas estaban dispuestas a pertenecer a ese proyecto. Esto dejaba intacta la desigualdad basada en clases sociales contra la que luchaban las obreras. Se notan unas dicotomías en su narrativa: educadas o analfabetas, ciudad o campo, iluminación o salvajismo.

Diez años antes de la aprobación del voto limitado, Ana publicó "Nuestra opinión sobre Instrucción Pública" en *El Mundo* (10 de abril de 1919, p. 11). Aunque son expresiones como educadora, sus palabras dan otra ventana a su visión social. Allí favoreció menos exigencias y distintas materias para las escuelas rurales; aduciendo que los campesinos realicen el trabajo manual para las industrias necesarias para el progreso como la agricultura. Escribió: "en esos tres años se pueden adquirir nociones prácticas de agricultura" y "nociones de naturaleza, deberes y derechos sociales y cívicos. De este modo pueden nuestros campesinos dejar de ser analfabetas" y ser "honrados y relativamente cultos".

Los argumentos a favor de la limitación del voto para las alfabetizadas alegaban que solo las personas educadas sabrían elegir y se pretendía extender esta exigencia para el varón (Barceló Miller, 1997; Centro de Investigaciones Sociales UPR, 1986). Algunas la apoyaban por considerarla el primer paso estratégico para luego extender el voto a todas, mientras otras reproducían el discrimen económico.

La sufragista Ángela de Miró escribió en *La mujer del Siglo XX*, revista fundada por Ana, una opinión donde reconoce sus propias contradicciones:

> "Otorgándonos uno solo de nuestros derechos, el sufragio electoral, que aunque de carácter anti-democrático, por ser restringido, es necesario por ahora para salvar las dificultades del principio; porque en el fondo envuelve un fin altruista, el de combatir por ese medio el analfabetismo, estimulando a las analfabetas,

para que aprendan y sepan hacer buen uso de ese derecho."

(1917, p. 17)

Un ejemplo concreto de esta visión apareció en la primera plana del periódico *El Mundo* el 28 de mayo de 1929, luego de la aprobación del voto limitado. Ana celebró a Puerto Rico por ser un ejemplo para las Antillas y llamó a un deber cristiano de hacer al país uno educado por las mujeres y madres. Expresó directamente: "A los analfabetos debemos decir que todas las mujeres de Puerto Rico nos interesaremos, como es nuestro deber, en la campaña del A.B.C. para hacer de nuestros paisanos, hombres y mujeres conscientes" (p. 3 y 13).

La Asociación Puertorriqueña de Mujeres Sufragistas llamó a la ley "libertaria para todas puesto que es por todas que lucharemos" (p. 3). Al día siguiente y en el mismo periódico, el presidente del Partido Socialista, Santiago Iglesias Pantín, respondió a la Asociación. Allí lamenta que la ley le "niega (el voto) a más del 50% de la mujer puertorriqueña", "que pagan las contribuciones, que mantienen con su trabajo y las riquezas que procrean la vida del Gobierno y de la sociedad como madres y ciudadanas" (*El Mundo*, 29 de mayo de 1929, p. 12).

La realidad era que solo 50,000 de las 300,000 mujeres posibles para votar en las elecciones posteriores a la aprobación del voto limitado estaban alfabetizadas (Roy-Fequiere, 2004). Esto sería un 16.67% de las mujeres, un 83.33% se quedarían sin votar si no aprendían a leer y escribir. Esta preocupación no la tendría ningún hombre, sin importar su nivel educativo.

Ana fue entrevistada en su lecho de enfermedad por su discípula, Ángela Negrón Muñoz, hermana de otra mujer histórica en este libro: Clara Lair. En esa conversación podemos ver una de sus fuertes contradicciones. Sobre las legislaciones a las que las mujeres deberían prestar atención luego del voto, Ana mencionó ideas progresistas como el divorcio pero una tan conservadora que una década después sería adoptada por el nazismo.

La científica favoreció la eugenesia antes de la concepción, una creencia de que ciertos rasgos humanos son inferiores y pueden nacer eliminados mediante el junte genético. Esto ha sido rechazado por la ciencia por sus implicaciones discriminatorias. Dijo:

> "En este asunto del alarmante exceso de población que estamos padeciendo, debería el gobierno hacer algo eficaz. Es una situación tremenda. Obreros que ganan sesenta o sesenticinco centavos tienen, sin ningún empaño, su esposa y seis o siete hijos pasando necesidad."
> (*El Mundo*, 22 de diciembre de 1929, p. 4)

Es de notar que un año antes de morir (1932) expuso lo siguiente en un escrito para la otorgación de su Doctorado Honoris Causa de la Universidad de Puerto Rico: "Le dije que primero rompía mi pluma en mil pedazos que poner mi firma en un periódico conservador" (González Gómez, 2001, p. 77).

Lo expuesto no indica que todas las sufragistas pensaban igual. Tampoco pretende borrar todos los avances que las mujeres hemos disfrutado gracias al trabajo y atrevimientos de sufragistas como Ana. Expongo las complejidades de las personalidades ilustres en los tiempos que vivieron. Tal vez debemos extenderles la misma indulgencia a ellas, con el mismo derecho de ser contradictorias y complejas que cualquier otro ser humano.

Ana Roqué Géigel de Duprey logró acudir a votar antes de morir, aunque su voto no fue contado porque las listas no estaban preparadas con todos los nuevos nombres. Este dato le fue ocultado. Pero fue a ella que se le entregó la pluma con la que se firmó el proyecto de ley en la Cámara de Representantes (*El Mundo*, 28 de mayo de 1929). A Ana le precedía un prestigio social por sus innegables aportes intelectuales, algunos de los que se mencionan en la columna dedicada a ella en el presente libro. Al igual, muchas de las sufragistas fueron líderes en sus campos, como Beatriz Lasalle en el trabajo social y Trina Padilla de Sanz en las artes.

El otro grupo de mujeres que luchó por el derecho al voto, esta vez sin restricción alguna, no solía poseer el mismo respeto por la clase acomodada. Luego de la victoria de las sufragistas, le tocó hacer historia a las obreras.

La lucha de Juana: Voto para todas

"Qué revolú, qué alboroto,
porque este año Juana Colón no tiene voto."
Estribillo comerieño
(Citado en Méndez Panedas, 2020, p. 62)

Si Ana tenía nombre con varios apellidos, Juana Colón cargaba el apellido familiar del propietario de casi toda su familia: negros esclavizados que vieron su libertad mediante la abolición de la esclavitud en 1873 (Méndez Panedas, 2020). Si a Ana la retrató el gran pintor Miguel Pou, a Juana solo le sobrevive una foto de identificación en blanco y negro.

La propia Juana nació en la misma hacienda que esclavizó a sus padres, quienes continuaron su trabajo como negros libres bajo el sistema denominado "semi-esclavo" que procedió al esclavista. Allí no le enseñaron a leer ni a escribir, estaba supuesta a continuar las labores manuales como lavandera de familias adineradas.

Si Ana era de Aguadilla y vivió en ciudades como San Juan y Mayagüez, Juana era del campo. Fue en Comerío donde inició su liderazgo en la huelga tabacalera de 1919 frente a la compañía estadounidense *Leaf Tobacco Company*. Ella sabía que no era progreso lo que estas empresas llevaron a su pueblo. No necesitó leer ni escribir para dar los discursos que electrificaron a las masas obreras con su mismo lenguaje coloquial desde la tribuna del Partido Socialista.

Estos son varios contrastes entre las sufragistas y las obreras. Las sufragistas publicaron sus demandas en sus propios periódicos, lograron una sufragista como primera legisladora y poseían los contactos para aparecer en la prensa nacional. Juana, al igual que la mayoría de las mujeres de Puerto Rico, no podían leer las noticias que las sufragistas publicaban. Su método de difusión era la protesta y espacios en el periódico de la Federación Libre de Trabajadores, *Unión Obrera*, del que se hacían lecturas en lugares públicos.

Precisamente, lo que expusieron las obreras es que las personas analfabetas conocían mejor los problemas sociales que votarían por resolver, ya que los sufrían diariamente (Barceló Miller, 1997; Centro de Investigaciones Sociales UPR, 1986). Que a la clase política, puesta a facilitar o a no intervenir contra los intereses azucareros y tabacaleros, le convenía limitar el voto obrero al negárselo a la mayoría de las mujeres que vivían su explotación laboral. Ellas le añadieron el aspecto de clase social que algunas sufragistas ignoraban o atendían mediante la caridad.

La primera organización que abogó por el voto para todas las mujeres fue la Federación Libre de Trabajadores (FLT), aliada del Partido Socialista. Ambas recogían la ideología de izquierda sindical en Puerto Rico, al menos en las primeras tres décadas del siglo XX.

La economía colonial impuesta por Estados Unidos obligó a muchas a integrarse a la fuerza laboral para subsistir mediante las grandes empresas ausentistas. El tabaco y la aguja fueron las industrias que apelaron a la mano de obra barata de las mujeres. Juana fue ejemplo de ello: luego de trabajar en el café, fue lavandera y sus hijos trabajaron para la tabacalera por sueldos de miseria.

La FLT quería incorporar a las obreras a sus filas por ideología pero también estratégicamente; las mujeres trabajaban por menos paga, lo que podía ser usado de estrategia por las empresas para despedir a varones unionados que exigían mejor salario. El sindicato replicaba el machismo en su cultura interna, demostrado por la poca presencia femenina en posiciones de liderato.

En 1904 había nueve organizaciones femeninas dentro de la FLT a nivel país. Ya para 1920, la mayoría de los pueblos tenían uniones. Esto representaba una potencial fuerza para el Partido Socialista si las unionadas alcanzaban el voto electoral. Al fundarse la

Asociación Feminista Popular de Mujeres Obreras de Puerto Rico (AFPMOPR), la membresía mayoritaria fueron las despalilladoras de tabaco. La AFPMOPR fue estratégica en alfabetizar a las obreras para que pudieran votar en 1932 por la Coalición Socialista-Republicana, que aprobó el voto universal en 1935.

Las obreras usaban las estrategias de actividades al aire libre y mítines. En esto se destacó Juana Colón en Comerío (Medina Báez, 2013). Juana participó desde 1928 en las campañas electorales junto a líderes del Partido Socialista. Ella organizaba los mítines y daba unos discursos con una oratoria que era recordada en su pueblo décadas después. Juana discursó sobre la necesidad del voto universal durante la Cruzada Cívica de la Victoria y pidiendo el triunfo de la Coalición que lo prometió.

Es una pena que no tengamos hoy grabaciones ni discursos escritos de Juana. Su verbo y las emociones que provocaba debían haber sido muy contundentes para quedar marcados en la historia oral del pueblo. Sus contemporáneos recuerdan que hablaba como la mayoría porque había vivido como ellos. Este era precisamente el argumento de las obreras para la necesidad del voto universal: Quienes mejor conocen las necesidades son quienes las sufren.

Como la mayoría de las obreras, Juana no tuvo nunca una vida en comodidad y murió de vejez como curandera y comadrona en su Comerío (Méndez Panedas, 2020). El reconocimiento a su labor fue expresado en la gran asistencia a su funeral y preservado mediante la historia oral, como el estribillo que abre este subtema.

El trabajo de las obreras demuestra una lucha feminista más liberadora que la sufragista. Se debe subsanar esta disparidad en el recuerdo histórico para incluir a quienes hicieron a Puerto Rico uno más inclusivo, no solo en género sino en lo económico y racial.

Por todas las que lucharon

"La mujer puertorriqueña está completamente decidida a defender su derecho, ahora y siempre."
Heraldo de la Mujer, 1919
(En Cisterna Jara & Stecher Guzmán, 2019, p. 48)

Las mujeres puertorriqueñas han estado envueltas en la política nacional antes, durante y después de la obtención del derecho al voto. Y no solo en el aspecto electoral sino en las luchas sociales y revolucionarias.

La garantía del voto consolidó a las mujeres como ciudadanas ante los ojos de la sociedad. Si bien se puede argumentar que no hay democracia real en un contexto colonial, definitivamente ha sido un derecho civil que nos ha dado poder de negociación ante la clase política local.

Puerto Rico es un país cuya constitución sólo incluyó a una mujer en su Asamblea Constituyente: María Libertad López Garriga. También es una colonia donde mujeres votantes fueron expuestas sin consentimiento a la esterilización y a las pastillas anticonceptivas.

Pero también es el país que en pocas décadas dio sufragistas y obreras, a una Felisa Rincón de Gautier y a una Lolita Lebrón. Donde las mujeres siguen liderando luchas ambientales y organizaciones comunitarias, todos los días y desde el anonimato.

Agradezco a las pioneras, con sus luces y sombras, por abrirnos el camino para ser y pertenecer. Agradezco a todas las estudiosas que se dedican a que nuestras antepasadas no sean olvidadas, algunas de las cuales están en la bibliografía de este escrito.

Que no olvidemos su aporte, que permite que nosotras realicemos el nuestro.

¡Gracias ANA! ¡Gracias JUANA!

Referencias

Barceló Miller, M. de F. (1997). *La lucha del sufragio femenino en Puerto Rico (1896-1935)*. Centro de Investigaciones Sociales y Ediciones Huracán.

Cisterna Jara, N., & Stecher Guzmán, L. (diciembre de 2019). Heraldo de la Mujer de Ana Roqué: Estrategias de posicionamiento en la lucha sufragista puertorriqueña. *Estudios Filológicos*, (64), 35–51. Universidad de Chile.

Comité de Publicidad de la Asociación Insular de Mujeres Votantes. (28 de mayo de 1929). Un fervoroso homenaje a la ilustre prócer del feminismo insular. *El Mundo*, pp. 3 y 5.

De Miró, Á. C. (30 de octubre de 1917). A nuestros representantes en las Cámaras. *La mujer del siglo XX*.

Dietz, J. (1997). *Historia económica de Puerto Rico*. Ediciones Huracán.

González Gómez, L. S. (2001). Ana Roqué de Duprey: Trozos de historia de la educación puertorriqueña. *Pedagogía*, 35(1), 74–83.

Iglesias Pantín, S. (29 de mayo de 1929). No descansaremos hasta que la ley sea reconstruida. *El Mundo*, p. 12.

Medina Báez, B. M. (2013). *Juana Colón y la lucha de la mujer obrera*. Ediciones Huracán.

Méndez Panedas, R. (2020). *Historias de mujeres puertorriqueñas negras*. Editorial EDP University.

Negrón Muñoz, Á. (22 de diciembre de 1929). Conversando con las principales feministas del país. *El Mundo*, p. 1.

Participación de la mujer en la historia de Puerto Rico: Las primeras décadas del siglo XX. (1986). *Material de referencia para escuelas superiores.* Centro de Investigaciones Sociales de la Universidad de Puerto Rico y Universidad del Estado de New Jersey.

Roqué Géigel de Duprey, A. (10 de abril de 1919). Nuestra opinión sobre Instrucción Pública. *El Mundo,* p. 11.

Roqué Géigel de Duprey, A. (29 de mayo de 1929). Doña Ana Roqué Géigel de Duprey, fundadora del feminismo en Puerto Rico. *El Mundo,* pp. 3 y 13.

Roy-Fequiere, M. (2004). *Women, Creole Identity, and Intellectual Life in Early Twentieth Century Puerto Rico.* Temple University Press.

Valle Ferrer, N. (1990). *Luisa Capetillo: Historia de una mujer proscrita.* Editorial Cultural.

Valle Ferrer, N. (2006). *Las mujeres en Puerto Rico. Cuadernos de Cultura,* (13). Instituto de Cultura Puertorriqueña.

Juana Colón:
¡Ahora tenemos voto!

"Juana Colón en la tribuna política o sindical era una líder sin dobleces. Sin pliegues ni repulgos. Era auténtica (...) Era una mujer de palabras y acción."
William Fred-Santiago, contemporáneo
(Citado en Torres Rosario, 2011, p. 121)

¿Sabías que Puerto Rico tiene su "Juana De Arco"? Lo triste es que conocemos de ella por lo que otras personas escribieron, no por ella misma. A pesar de vivir una larga vida, hemos visto su cara por una sola foto de identificación.

Y es que nuestra Juana era analfabeta y además luchó en una sociedad que invisibiliza a sus figuras históricas negras, mujeres y empobrecidas. Su historia ha sido reconstruida mediante relatos orales de sus contemporáneos. Aunque no contamos con palabras suyas, razón por la que este escrito utiliza frases *sobre* ella, la fuerza de su legado ha perdurado al punto de sobrevivir esta sentencia de olvido.

Cada 8 de marzo el mundo entero conmemora las luchas de mujeres y trabajadoras; y desde Puerto Rico honramos a una líder de ambas: Juana Colón, cuyo natalicio también se conmemora ese mes.

"Piedra en mano contra la American Tobacco y sus alicates españolitos del Comerío de entonces."
(Citado en Torres Rosario, 2011, p. 130)

Juana nació el 27 de marzo de 1886 en el barrio Río Hondo de Comerío (Medina Báez, 2013; Méndez Panedas, 2020; Torres-Rosario, 2022). La esclavitud se había abolido hace escasamente 13 años y su niñez transcurrió entre los vestigios de este cruel sistema y la llegada de la colonización estadounidense.

Sus padres y la mayoría de su familia habían trabajado esclavizados en la hacienda cafetalera de Julián Colón Rivera, donde la niña Juana creció bajo el nuevo sistema considerado "semi-esclavo". De hecho, el apellido "Colón" del hacendado fue provisto para toda su familia. Allí no recibió educación formal ni existían escuelas, por lo que no aprendió a leer ni escribir sino a trabajar desde niña en cualquier tarea que respaldara la producción de su patrono.

Lo próximo que conocemos de la joven es mediante censos del pueblo de Comerío. De los datos que proveyó se desprende que se identificaba como "mulata" en 1910 y 1920 pero como "persona de color" en 1930 (debido a cambios en las categorías raciales de Estados Unidos). Según relatos orales, era alta (casi seis pies) y usaba un turbante o su pelo suelto.

Bajo profesión, Juana colocó en el censo "lavandera" y "planchadora"; contemporáneos suyos dicen que ella se encargaba de la ropa de las familias acaudaladas del pueblo. Esto pasará a ser importante en su conciencia de clase para la eventual lucha que librará, ya que trabajó por su cuenta para personas adineradas y su espacio de trabajo era el río junto a otras mujeres.

Otro dato biográfico que será importante es su conciencia de género. Juana se casó a los 17 años con un jornalero de Corozal pero su matrimonio fue inestable y violento. Para 1912 estaba viviendo en el pueblo con otros 13 familiares, incluyendo su mamá. A todos los efectos, ella vivió como madre soltera de ocho hijos nacidos entre 1904 y 1926, que también se dedicaron a trabajos obreros desde la niñez.

"A Juana Colón se asegura que (el policía) *Carmona le hizo varios disparos de los que pudo salvarse, pues parece que la consigna era causar el mayor daño entre las mujeres huelguistas."*
Unión Obrera, 25 de abril de 1919
(Citado en Torres-Rosario, 2011, p. 81)

Juana se crió en un pueblo donde 70% de sus residentes eran afrodescendientes. Según Torres-Rosario, ella experimentó un cambio de mundo cuando se movió del campo del café al casco urbano del tabaco.

El nuevo sistema político bajo Estados Unidos se centró en el monocultivo del azúcar, especializado en pueblos costeros. Pero también hubo un auge en la industria del tabaco en los pueblos rurales (Dietz, 1997). Las mujeres de clase pobre comenzaron a asumir trabajo no-doméstico en estas fábricas, especialmente como despalilladoras.

La *Puerto Rico Leaf Tobacco Company* (conocida como "La Colectiva") llegó a Comerío en 1905 ocupando 860 cuerdas de terreno (Medina Báez, 2013; Méndez Panedas, 2020; Torres-Rosario, 2022). Como era costumbre, esta empresa ausentista no ofrecía sueldos ni condiciones dignas de trabajo. La mayor atracción para estas fábricas era la mano de obra puertorriqueña barata de mujeres, hombres y niños empobrecidos.

La industria tabacalera fue la que más mujeres empleó desde su llegada. Las comlerieñas pasaron en 10 años del 3.49% al 23.93% empleadas por La Colectiva entre trabajo de finca, escogedora y despalilladora. Sus jornadas eran de 10 a 14 horas en las pobres condiciones de ventilación que requería la hoja de tabaco, lo que las expuso a enfermedades. La mayoría eran despalilladoras, la tarea peor pagada. En general, las mujeres cobraban 25 centavos al día y los hombres 35.

Juana desarrolló sus ideas mediante su propia experiencia de vida y las lecturas que luego escuchaba de otros militantes. Antes de que se le conociera por su liderazgo, la lavandera aparece como una de las líderes del grupo "Guardianes del Ideal Socialista de Comerío". Una huelga agrícola en el pueblo en 1917 comenzó a agitar la resistencia a La Colectiva pero no se conoce si participó.

La primera huelga donde sabemos que Juana dijo presente estalló en esa misma tabacalera en 1919, exigiendo mejores salarios. Fue proclamada líder por las obreras, a pesar de no constar que fuera parte de la empleomanía. Dos personas alegan que ella sí era empleada y que le vieron haciéndole frente a jefes y policías. El tabaco era temporal por lo que una lavandera como Juana pudo ser despalilladora. Haya trabajado allí o no, el hecho de que fuera elegida para liderar presume un reconocimiento a sus capacidades.

El punto neurálgico de este conflicto llegó cuando la Policía disparó contra obreras que impedían la entrada al edificio si no había negociación. Juana fue herida de bala varias veces mientras estaba en sus primeros meses de embarazo. Su fianza fue la más alta, lo que aparenta confirmar su liderazgo.

El trato machista se demuestra en un recuento de los sucesos publicado en *Unión Obrera*. El periódico de la Federación Libre de Trabajadores (FLT) reportó que a Juana la habían apresado porque ya antes había estado confinada por padecer de sus facultades mentales. La realidad es que fue detenida en 1918 por "alteración a la paz". Era el típico ataque de creer loca a una mujer que no es dócil, prejuicio adoptado por un medio de izquierda.

Al final de los disturbios, se lograron aumentos salariales para las trabajadoras de esa fábrica. Juana fue arrestada varias veces por "incitar motines" y "quemar".

Por esta similitud y su entrega, en Comerío se le comparó con la Juana de Arco francesa.

Hay un incidente sin fecha recuperado en el documental "Luchando por la vida: Las despalilladoras de tabaco y su mundo" que aparenta confirmar el reconocimiento al liderazgo de Juana. La obrera Carmen Rosado relató que su patrono en una fábrica de Comerío quería sacar a varias obreras por estar suspendidas. Ella le respondió:

> "Nos vamos a tirar todas a la calle, venga Juana Colón, ayúdanos a trabajar, a resolver este problema. Tú eres la mujer que necesitamos en estos momentos. Vamos a la plaza. Vamos a llamar a todo el mundo. Ella nos ayudó."
> (Citada en Medina Báez, 2013, p. 107)

> *"Qué revolú, qué alboroto, porque este año Juana Colón no tiene voto."*
>
> Estribillo comerieño
> (Citado en Méndez Panedas, 2020, p. 62)

La próxima gran lucha de Juana llegó para conseguir el derecho al voto de todas las mujeres.

En 1929 se logró el sufragio pero solo para quienes leían y escribían, lo que excluyó a más de 250,000 mujeres analfabetas (Barceló Miller, 1997). Este era un asunto racial y de clase, tanto ante un sistema patriarcal como un feminismo excluyente de la mayoría empobrecida.

La historia oral nos cuenta que Juana hizo discursos sobre la necesidad del voto universal en marchas locales desde la tribuna del Partido Socialista (Medina Báez, 2013; Méndez Panedas, 2020; Torres-Rosario, 2022). Ella estaba informada de esta lucha debido a las lecturas en la plaza pública del periódico *Unión Obrera*. En las calles de Comerío se recitaba el estribillo mencionado en la apertura de este subtema, demostrando el reconocimiento a su activismo.

Y es que sus discursos resonaban ante la multitud obrera a la que se dirigían. Aunque sus palabras no eran refinadas, sabía transmitir el sentimiento y conocimiento de la experiencia mayoritaria del Puerto Rico rural.

El voto universal para todas las mujeres independientemente de su nivel educativo se logró en 1936. Juana había organizado y encabezado actividades de las campañas junto a líderes del Partido Socialista desde 1928. Este partido se unió al Partido Republicano e inició un proceso de alfabetizar a las mujeres para que votaran por la Coalición en 1932, que había prometido el voto universal. Los esfuerzos fueron liderados por Asociación Feminista Popular de Mujeres Obreras de Puerto Rico, auspiciada por la FLT.

Aunque no hay evidencia de que Juana perteneció a la FLT, no hay duda de que líderes como ella fueron necesarias para avivar el sentimiento a favor del voto femenino en los pueblos rurales del archipiélago. El trabajo organizativo para la victoria de la Coalición llevó a la aprobación del voto universal.

> *"Mientras existan mujeres en desventaja, oprimidas y pobres, Juana sigue viva."*
>
> Invitación para su natalicio
> (*Encuentro al Sur*, 28 de marzo de 2014)

Juana logró una existencia larga, cuya adultez dedicó al trabajo como curandera y comadrona. Fue muy querida por sus nietos. La última lucha que se le conoce fue por el transporte de los estudiantes de su pueblo.

La líder falleció en su vejez a los 81 años. Quiso que su féretro fuera cargado por mujeres obreras y que estuviera envuelto por una bandera socialista que tenía guardada (Medina Báez, 2013; Méndez Panedas, 2020). Su entierro fue muy concurrido por personas de todos los partidos, incluyendo al alcalde del Partido Popular Democrático.

Comerío se ha encargado de mantener viva su memoria, aunque los libros oficiales de historia han fallado. La escuela superior pública lleva su nombre gracias a una campaña local que recogió miles de firmas y decenas de ponencias (Torres-Rosario, 2022). Durante la década de 1960 y 1970, la entrada a Comerío tuvo una pancarta titulada: "Bienvenidos al pueblo de Juana Colón" (Fuentes Rivera, 2023). La organización feminista local se llama Casa Juana Colón y se dedica a ofrecer servicios para mujeres de la montaña desde 2004.

La lucha de mujeres como Juana nos recuerda el sacrificio que logró el voto para todas nosotras. También nos hace evocar la vida digna que nos seguimos mereciendo como trabajadoras. El ejercicio de los derechos logrados nos impone la responsabilidad de usarlos para el mejoramiento común por el que tanto luchó la comerieña.

Por nuestro derecho a vivir y votar:
¡JUANA!

Referencias

Casa Juana Colón (s.f.). *Sobre nosotros.* https://www.casajuanacolon.com

Dietz, J. (1997). *Historia económica de Puerto Rico.* Ediciones Huracán.

Encuentro al Sur. (28 de marzo de 2014). Casa Juana Colón celebrará natalicio de la lidereza obrera. *Ediciones Abeyno.* https://encuentroalsur.com/?p=26975

Fuentes Rivera, A. G. (enero de 2023). Juana Colón, Comerío y archivo rural. *Revista Cruce,* Universidad Ana G. Méndez, 96–99.

Medina Báez, B. M. (2013). *Juana Colón y la lucha de la mujer obrera.* Ediciones Huracán.

Méndez Panedas, R. (2020). *Historias de mujeres puertorriqueñas negras.* Editorial EDP University.

Torres-Rosario, W. (2011). *Juana Colón: Combatiente en el tabacal puertorriqueño.* SE.

Torres-Rosario, W. (Invitado); Abadía-Rexach, B., & Díaz Torres, M. (Anfitrionas). (4 de abril de 2022). Juana Colón: Nuestra Juana de Arco de Comerío (Núm. 220401) [Podcast en audio]. *Negras.* https://open.spotify.com/episode/3ghtXbqOtYZdluTv1GhKQ1

Luisa Capetillo Perone:
La feminista más recordada de Puerto Rico

"La mujer, como factor importante en la civilización humana, es digna de obtener toda la libertad."

Luisa Capetillo Perone
Mi opinión (1911, Prefacio)

Tal vez no hay una figura histórica a la que se asocie más con los derechos de las mujeres en Puerto Rico que a Luisa Capetillo Perone. Es ella quien abre los capítulos del presente libro.

La arecibeña es conocida como la primera mujer puertorriqueña en vestir pantalones en público y ser arrestada por ello.

Pero hemos simplificado las acciones y el pensamiento de esta gran puertorriqueña en nuestro afán de clasificar a nuestras mujeres históricas.

Y es que Luisa no veía el género aislado de otros sistemas de opresión. Sus celebradas acciones y escritos entrelazan al feminismo con la clase social.

Este escrito es un repaso de sus frases y datos biográficos que ayudan a comprender el feminismo de su más reconocida propulsora en nuestra nación.

Los inicios de una feminista

"El actual sistema social, con todos sus errores, se sostiene por la ignorancia y la esclavitud de la mujer."
Mi opinión (1911, Prefacio)

La obra escrita de Luisa es una prueba de su ideología feminista. Su primera publicación "Ensayos Libertarios" (1907) sobre sus ideales anarco-socialistas establece en su portada que está "dedicado a los trabajadores <u>de ambos sexos</u>" (énfasis propio). El segundo libro fue explícito desde su título "Mi opinión sobre las libertades, derechos y deberes de la mujer como compañera, madre y ser independiente" (1911). Según su biógrafa Norma Valle Ferrer, esta fue "la primera tesis feminista del país" (1990, p. 75). El editor Julio Ramos le adjudica ser el "primer libro puertorriqueño dedicado exclusivamente a la problemática de la mujer" (2021, p. 65). Es por esto que las frases de ese libro sirven como apertura de los subtemas del presente escrito.

¿Cómo llegó el feminismo a Luisa? La arecibeña nació en 1879 o 1882, por lo que su desarrollo hacia la adultez se dio a finales del siglo XIX (Ramos, 2021; Valle Ferrer, 2008). Puerto Rico se encontraba en una agitación de ideas libertarias hacia la independencia y la recién conquistada abolición de la esclavitud. La corriente feminista estaba despertando a puertorriqueñas profesionales que denunciaban la desigualdad por género en el acceso a la educación (Barceló Miller, 1997).

Pero las ideas de Luisa aparentan haber llegado a su vida más por el ambiente familiar. Sus padres, Margarita y Luis, eran inmigrantes europeos: su madre era francesa y su padre era español (Fritz Macías, 1993; Valle Ferrer, 1990; Sánchez-González, 2001). Ambos trajeron consigo las ideas liberales de la época en dicho continente. Un ejemplo de ello es que se unieron por amor, sin casarse legalmente. A lo largo de su vida, Luisa sería una defensora del amor libre y rechazaría la institución del matrimonio.

Otro ejemplo es la educación que la pareja le proporcionó a su única hija. Luisa estudió en una escuela privada de Arecibo pero su educación fue complementada en el hogar, con fundamento en la literatura romántica europea. Luis se encargó de las matemáticas, lectura y escritura; Margarita le enseñó francés. El amor a la lectura alimentó sus ideas, que luego plasmó en sus propios libros.

Margarita Perone y las maternidades

"A ti madre mía que jamás me impusiste, ni obligaste a pensar de acuerdo con la tradición. Y me dejaste indagar libremente, reprochando solamente lo que tú suponías exageraciones, sin violentarme."

Mi opinión (1911, Dedicatoria)

La madre de Luisa tuvo un impacto innegable en su formación feminista. Margarita había vivido directamente en su país natal el optimismo ideológico dejado por la Revolución Francesa (1789 - 1799), entre los que estaba la libertad de las mujeres (Valle Ferrer, 1990; Sánchez-González, 2001). Ella era conocida como "La Francesa", la única mujer que participaba en las tertulias del café de Arecibo, La Misisipí. Margarita era una mujer opinando en público de par a par con los hombres en el siglo XIX. Luisa le dedicó su libro "Mi opinión" con las palabras al inicio de este subtema, un testamento del libre pensamiento que le inculcó.

Otro aspecto que Luisa vivió fue una madre que trabajaba al igual que su pareja. Aunque Margarita llegó como institutriz a Puerto Rico, tuvo que realizar trabajos domésticos para familias adineradas. Luisa iba con ella para ayudarle mientras también sacaba tiempo para coser y leer.

Acompañando a su madre fue que Luisa se enamoraría del futuro padre de sus hijos. Manuel, quien la tomó como amante, era hijo del Marqués de

Arecibo y líder del Partido Incondicional Español. La joven tuvo dos crías en dos años (1897 y 1899) pero pronto se separó de Manuel. Ella resintió que él le exigía ser una mujer tradicional en su hogar mientras el futuro alcalde disfrutaba de su libertad. Manuel apoyó económicamente a sus hijos y a Margarita, quien se hizo cargo de la crianza, pero Luisa rechazó el dinero y comenzó a trabajar. Más adulta, la aricbeña tuvo un tercer hijo de un hombre casado que no lo reconoció. Lo nombró Luis Capetillo, sin el apellido paterno, y fue su acompañante de por vida.

La maternidad de Luisa es un aspecto que aún hoy provocaría juicio. Ella fue una líder feminista y obrera, cuyo trabajo organizativo la alejaba de sus hijos y la expuso varias veces al arresto. Queda preguntarnos: ¿A cuál hombre histórico se le ha hecho juicio por no ser un padre presente ante la demanda de su activismo?

El voto femenino

> *"La mujer que se siente herida en sus derechos, libertades y en su naturaleza de mujer, debe reponerse y reclamar, y cambiar de situación, cueste lo que cueste."*
>
> Mi opinión (1911, p. 26)

Una de las luchas feministas que se le adjudican a Luisa es el derecho al voto femenino. La arecibeña empezaba su adolescencia cuando Nueva Zelanda se convirtió en el primer país que aprobó el voto femenino en 1893.

Los esfuerzos de Luisa en Puerto Rico aparentan haberse concentrado más en mejorar la condición económica de las trabajadoras que en la obtención del voto. Su ideología anticapitalista le pudo haber instado a priorizar más transformar la organización económica que a reformarla mediante elecciones.

Sobre este derecho, Luisa se colocó al lado de la vertiente de las obreras y no de las sufragistas (Barceló Miller, 1997). Las obreras lucharon por un voto universal para todas las mujeres; las sufragistas impulsaron la excepción de saber leer y escribir. Esto último dejaría sin votar a la mayoría de las mujeres que organizaba, aunque ella disfrutaría del voto como mujer alfabetizada. Luisa era una líder obrera que había sido lectora en fábricas de tabaco. Ella conocía las necesidades que estaban pasando las obreras, habiendo sido una.

Luisa abogó por el voto universal en el Congreso Obrero de la Federación Libre de Trabajadores de 1908 (Valle Ferrer, 2008; Valle Ferrer, 1990). El sindicato aprobó una moción a favor durante ese evento. No se conoce si ella publicó sobre el tema en su propia revista feminista *La Mujer* (1910), pues de la misma no sobreviven ejemplares.

La feminista no vio el voto femenino hacerse realidad para las mujeres puertorriqueñas. Ella falleció en 1922; el voto de las alfabetizadas se logró en 1929 y el universal en 1935. Solo vivió cuando se hizo legal en Estados Unidos en 1920, que se negó a extenderlo a Puerto Rico. Luisa residió en Nueva York durante ese año, lo que la haría tener ese derecho allá pero no acá.

Un hallazgo reciente parece demostrar que Luisa hizo más por el derecho al voto, esta vez en Estados Unidos. El acto que realizó entrelazaría su lucha por el voto con el suceso que la colocó en la historia: vestir pantalones.

Una mujer con pantalones

"Yo siempre uso pantalones, señor Juez, y en la noche de autos en vez de llevarlos por dentro, los llevaba por fuera, y en uso de un perfecto y libérrimo derecho."
Heraldo de Cuba (27 de julio de 1915, p. 12)

El suceso histórico que más se menciona de Luisa es ser la primera mujer puertorriqueña en usar pantalones en público. La historia de su "vestimenta de hombre", según le llamaban en la época, fue un tanto más extensa que un solo incidente.

El primer escándalo por su ropa que se conoce hasta ahora ocurrió en Nueva York (*Richmond Palladium and Sun-Telegram*, 1912). El 1 de julio de 1912 apareció publicado en un periódico progresista de Indiana que una escritora atrajo la atención en la Quinta Avenida por vestir chaqueta y *bloomers*. Estos pantalones "bombachos" son ajustados en la cintura y los tobillos mientras son holgados entremedio. Se reportó que un policía le ordenó taparse con su chaqueta hasta las rodillas para calmar a los autos y peatones. El reportaje tiene una foto suya vestida así, llamándolo *costume* (disfraz, en español).

La profesora Peña Jordán realizó un hallazgo que puede darle al anterior suceso una interpretación que ata su acto de vestir pantalones con la lucha por el voto femenino. A un mes del incidente en Nueva York, el *Marbel Rock Journal* de Iowa publicó una reseña el 8 de agosto de 1912 refiriéndose a una "Louisa Capetillo" usando pantalones (*trousers*) y con pelo "de hombre". Según el artículo, Luisa estaba en una gira donde se presentaba usando pantalones y buscaba formar un club internacional a favor del voto femenino. También menciona que Luisa se tapaba los pantalones con una falda porque ella alegaba que el mundo estaba muy atrasado para aceptarlo.

Interesantemente, el título de este artículo es "Suffrage in trousers" ("Voto en pantalones"). Eso lleva a cuestionar si el titular del incidente en Nueva York pretende decir lo mismo: "Trouserettes: The Latest in Gotham" (énfasis propio). Tal vez *trouserettes* sea una mezcla de *trousers* (pantalones) y *suffragettes* (sufragistas, mujeres que luchaban por el voto). O simplemente podría significar "pantalones de mujer" por el sufijo "-ettes" a la palabra *trouser*. Si es lo primero, esto evidenciaría una unión entre ambos sucesos como parte de un mismo esfuerzo, haya sido individual o como parte alguna organización.

El tercer incidente fue el más famoso y culminó en su arresto, que ocurrió tres años después de Iowa y en Cuba, no en Puerto Rico. Días antes del suceso, el periódico *El Día de La Habana* publicó la foto que se ha vuelto famosa: Luisa vistiendo de pantalón, corbata, sombrero y una chaqueta en su brazo (Ramos, 2021).

Se encontraba en ese país para apoyar una huelga obrera.

El 4 de julio de 1915 un policía la arrestó por "causar escándalo" al "ir vestida de hombre" en la calle Neptuno de La Habana (Valle Ferrer, 1990, p. 85). Luisa fue llevada directo a la corte, donde se había congregado público. La arecibeña se defendió diciendo que usaba pantalón porque era más higiénico y cómodo para las nuevas tareas de la mujer. En medio de su argumento, se levantó el vestido para mostrar los pantalones anchos debajo y dijo las palabras al inicio de este subtema, puntualizando que estaba en su derecho. El juez no encontró una ley que lo prohibiera y fue dejada en libertad.

Si revisamos los pasados actos, Luisa usaba pantalones por debajo de su falda como alegó para el periódico de Iowa. Aparentemente, en Nueva York y La Habana los usó por fuera. Así mismo lo haría en su país.

En Puerto Rico, Luisa "dirigía las marchas (obreras) vistiendo pantalones y montada a caballo" (p. 24). Además, causó reacciones por usar distintos estilos al hablar en la tarima obrera. Algunos contemporáneos recuerdan que iban a los mítines simplemente por ver a la mujer en pantalones. Una de estas ocasiones quedó reportada en la prensa nacional:

> "La oradora doña Luisa Capetillo, quien el domingo pasado para arengar bien a sus huestes, cambió su traje de mujer por el de masculino, encasquetándose unos pantalones de don Alfredo Salazar, ausente de su hogar en tales instantes según él."
> (*El Mundo*, 7 de octubre de 1920, p. 2)

Según el periódico, el motivo detrás del vestir de Luisa fue causar una reacción en los asistentes de la Convención Socialista que reseñan. Dice mucho que la única mención de la líder en el escrito fue para hablar de su ropa. Y al hacerlo, asumen su motivo sin mencionar la explicación que ella abiertamente defendía: que los prefería por ser más cómodos e higiénicos para las tareas modernas. Esto no niega que tal vez era una estrategia, como le mencionó al *Marbel Rock Journal* (1912).

Los argumentos de Luisa a favor del pantalón coinciden con la defensa de feministas en Europa y Estados Unidos por una vestimenta más "racional" que los largos trajes y pesados adornos que dominaban a finales del siglo XIX (Armstrong & Paradies, 2025). Los pantalones que comenzaron a usar fueron los *bloomers* y los *trousers*. Ambos fueron usados por nuestra heroína. Además, los grupos feministas estadounidenses formaban clubs donde los vestían mientras hablaban de distintos temas sociales. La razón que dio Luisa al *Marbel Rock Journal* para su gira internacional vistiendo pantalones fue abrir un club mundial para luchar por el voto. Las caricaturas machistas de la época presentan la mofa que recibieron mujeres como Luisa, mayormente presentadas reunidas en clubs mientras se lee que son "anti-familia" y "poco femeninas". Algunos dirían que los epítetos hacia las feministas no han cambiado mucho.

> "*Únicamente deseamos exponer que la mujer debe adquirir más libertades y derechos.*"
>
> Mi opinión (1911, p. 7)

Luisa Capetillo Perone murió en el barrio Buen Consejo de Río Piedras a sus 42 años. La feminista había alcanzado suficiente reconocimiento para ser recordada mediante eulogías en la prensa de Puerto Rico. Sin embargo, la narrativa fue distinta entre la prensa obrera y la nacional.

El periódico *Unión Obrera* de la Federación Libre de Trabajadores (1922, p. 1) escribió:

> "Hablaba en la tribuna y dirigía huelgas de campesinos y caminaba largas distancias a pie por caminos y montes a la cabeza de manifestaciones (...) Genio de bohemia roja, fuiste perseguida y encarcelada, y ¡oh martirio! Tu cabeza fue una vez macaneada por la brutal mano del bruto de macana en una lucha de campesinos huelguistas."

Mientras *Unión Obrera* se concentró en sus acciones, *El Mundo* eligió un lenguaje distinto. Si bien reconocen su verbo "de fuego", se enfocaron en su físico diciendo: "No cometió otro pecado que el de ser una mujer rara", "Ya había perdido todos sus encantos de mujer hermosa" y "Toda su hermosura la había sacrificado" (Cronista, 11 de abril de 1922, p. 1).

El pensamiento de quien es hoy la feminista más recordada de Puerto Rico estuvo en riesgo de olvido. Según Ramos (2021), la obra de Luisa era poco conocida debido a la inaccesibilidad de sus escritos. Esto cambió con el trabajo de Norma Valle Ferrer, "Luisa, una mujer proscrita" (1990), libro del que se nutre el presente escrito.

Luisa fue una arecibeña, hija de migrantes progresistas, que representó un adelanto en el pensamiento y accionar feminista para incluir las experiencias de la mayoría de las mujeres de Puerto Rico: las obreras. Así se colocó de avanzada ante otras versiones del feminismo, mayormente el sufragista, que excluía a la mujer empobrecida.

Hoy podemos entender la unión inherente de las luchas sociales gracias a mujeres como ella. Que usó su privilegio educativo en favor de lograr una mejor sociedad, no una vida más cómoda. Que se puso pantalones defendiendo el derecho de mujeres y hombres a vestir (y votar) como desean.

De sus enormes aportaciones como líder obrera hablaré en otro escrito. Por ahora:

¡LUISA:
Boricua con pantalones!

Referencias

Armstrong, A. C., & Paradies, E. (2025). *Fashion, feminism, and fear: Clothing and power in the 19th century*. Seeley G. Mudd Manuscript Library, Princeton University Library. https://dpul.princeton.edu/fashionfeminismfear

Barceló Miller, M. de F. (1997). *La lucha del sufragio femenino en Puerto Rico (1896-1935)*. Centro de Investigaciones Sociales y Ediciones Huracán.

Capetillo Perone, L. (1911). *Mi opinión sobre las libertades, derechos y deberes de la mujer*. The Times Publishers Company.

Capetillo Perone, L. (1 de julio de 1912). Trouserette: The latest in Gotham. *The Richmond Palladium and Sun-Telegram*. Richmond, Indiana.

Carreras, S. (15 de abril de 1922). ¡Luisa Capetillo ha muerto! Por tu historia y por tu vida. *Unión Obrera*, 21(87), p. 1.

Corresponsal Especial. (7 de octubre de 1920). La Convención Socialista celebrada ayer. *El Mundo*, p. 2.

Cronista. (11 de abril de 1922). Luisa Capetillo ha muerto. *El Mundo*, p. 1.

Heraldo de Cuba. (27 de julio de 1915). El caso de la mujer con traje masculino en la corte correccional. *Heraldo de Cuba*, p. 2.

Marble Rock Journal. (8 de agosto de 1912). Suffrage in trousers. *Marble Rock Journal*, 36(48), p. 2.

Ramos, J. (Ed.). (2021). *Amor y anarquía: Escritos de Luisa Capetillo*. Editora Educación Emergente.

Sánchez-González, L. (2001). *Boricua literature: A literary history of the Puerto Rican diaspora.* New York University Press.

Valle Ferrer, N. (1990). *Luisa Capetillo: Historia de una mujer proscrita.* Editorial Cultural.

Valle Ferrer, N. (Ed.). (2008). *Mi patria es la libertad: Obras completas.* Proyecto de Estudios de las Mujeres, Universidad de Puerto Rico en Cayey.

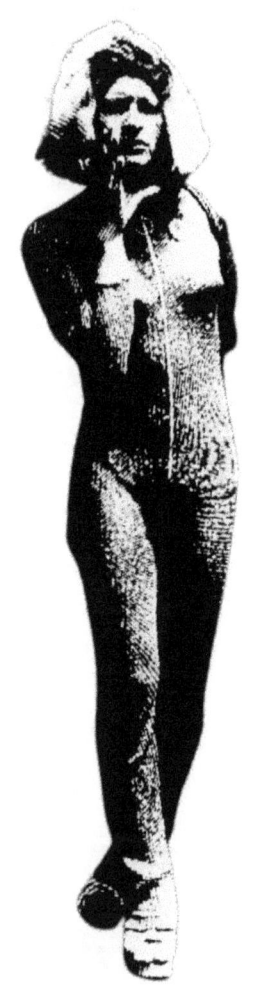

Sylvia Rivera:
La piedra lanzada en *Stonewall* a la transfobia

"Era hora de mostrarle al mundo que (las personas trans) somos seres humanos."

Sylvia Rivera
En *The Death and Life of Marsha P. Johnson*
(France, 2017, 21:57, Traducción propia)

El lema *Love is love is love* del puertorriqueño Lin Manuel Miranda ha sido popularizado en defensa de las causas LGBTQIA+. El artista pronunció estas palabras en un discurso luego del ataque a la noche latina del club *Pulse* en Florida que dejó 49 muertos.

Como suele ocurrir, la frase se comercializó y fue perdiendo su significado inicial. Igual ha pasado con la propia lucha, cuyos orígenes son mucho más radicales y han sido construidos por personas que se salen del molde dominante: blanco, masculino y binario.

Sylvia Rivera fue una activista trans puertorriqueña-venezolana a quien se le adjudica lanzar la primera piedra durante los disturbios del bar *Stonewall Inn* en 1969. A este suceso se le atribuye el auge del movimiento LGBTQIA+ contemporáneo.

El Día del Orgullo (*Pride*) marca la fecha de esta histórica respuesta a la represión policiaca. *Pride* es honrado cada año por presidentes y empresas de todo el mundo. Lo celebran gracias a personas como Sylvia.

Aquí un breve recuento de su vida, que ha tenido gran impacto en las comunidades que defendió y que hoy se encuentran bajo una renovada embestida transfóbica.

Una vida dolorosa

"Siento que he liberado a mucha gente solo por ser yo misma."
En *The Death and Life of Marsha P. Johnson*
(France, 2017, 36:42, Traducción propia)

Sylvia Rivera nació en Nueva York en 1951 y fue asignada como varón (Gan, 2007; Johnson & Rivera, 2013). Desde sus tres años tuvo que enfrentar la vida sola: su padre abandonó el hogar y su madre se suicidó, intentando matarla en el proceso.

La niña quedó bajo custodia de su abuela, quien la abusaba físicamente por querer un nieto "macho" blanco y por rechazar a su hijo afropuertorriqueño. Pero Sylvia comenzó a mostrar su feminidad al usar su maquillaje y vestidos desde cuarto grado.

Al ser descubierta recibía palizas, una vez tan fuerte que Sylvia intentó suicidarse. Mientras se recuperaba en el hospital, la abuela trató de quitarle su crucifijo del cuello. Según un estudio publicado en el *Annals of General Psychiatry* (2023), 29% de las personas trans han intentado suicidarse y 50% han tenido pensamientos suicidas a lo largo de su vida. Las agresiones hacia Sylvia se extendieron a la escuela y la calle. Su maestro de quinto grado la abusó sexualmente a los 10 años. La niña decidió abandonar su casa para escapar de su familia y de la pobreza.

Desde su juventud, expresaba que no era un hombre homosexual y que detestaba esa prisión entre "heterosexual" y "maricón" cuando su esencia era más fluida. En la calle encontró una familia escogida de personas *queer* que le permitían libertad para definirse a sí misma. El trabajo sexual fue su supervivencia ante la discriminacion laboral. Esto le exponía a la violencia de clientes y policías. La amistad con Marsha P. Johnson fue un giro esencial para aprender a sobrevivir y entrar al activismo.

El impacto en todo un movimiento

"Volaban cócteles molotov y yo decía:¡Dios mío, la revolución está aquí! ¡Gracias a Dios! ¿Nos has tratado como una mierda todos estos años? Uh-oh, ahora es nuestro turno."
En *The Death and Life of Marsha P. Johnson*
(France, 2017, 18:25, Traducción propia)

El 27 de junio de 1969 Sylvia fue a bailar al bar *Stonewall* (France, 2017; Gan, 2007; Johnson & Rivera, 2013). La joven de 17 años entró por conexiones con alguna amistad, ya que era un bar que solía rechazar a *drag queens* negras.

Una ley de Nueva York exigía que las personas vistieran al menos tres prendas "apropiadas" a su género. La Policía entró para pedir identificaciones, como solía hacer en establecimientos donde se congregaba la juventud LGBTQIA+, referidos en ese momento solamente como "comunidad gay". Esa noche separaron a los arrestados según su vestimenta en "gays", "lesbianas" y "*drag queens*".

Pero alguien comenzó una respuesta a la represión que se le atribuyó a Sylvia: un objeto lanzado contra los agentes. Ella lo negó, respondiendo con una sonrisa que no arrojó la primera piedra sino la segunda. El grupo presente, cansado del acoso en las redadas, se unió en protestas que duraron seis días y comenzaron a crear el movimiento que continúa.

Sylvia recuerda así la histórica noche:

"Estábamos en *Stonewall* y prendieron las luces. Todos dejamos de bailar. La Policía llegó. Habían recibido su soborno a principios de semana. Pero el inspector Pine vino con su 'brigada de la moral' para botar más dinero público. Nos sacaron del bar y nos arrinconaron contra las guaguas policiacas. Los policías nos empujaron contra rejas y vallas. La gente empezó a tirarles chavitos, vellones y pesetas. Y entonces empezaron las botellas. Finalmente atrincheramos a la 'brigada de la moral' en el edificio porque en ese momento nos tenían miedo. No sabían que íbamos a reaccionar así. No íbamos a aguantar más esta mierda. Habíamos hecho mucho por otros movimientos. Era el momento. Había vagabundos gay del *Village* afuera, *drag queens* detrás de ellos y todos detrás de nosotros. Las líneas de teléfono de *Stonewall* fueron cortadas y los dejaron incomunicados (a la Policía). Un reportero del *Village Voice* estaba en el bar. Y

según los archivos del periódico, Pine le dio un arma y le dijo: 'Tenemos que luchar para poder salir'. Esto fue después de que nos lanzaran un cóctel *molotov* y cerramos la puerta del bar *Stonewall* con un parquímetro arrancado. Así que esa noche estaban listos para salir a disparar. La Unidad Táctica apareció después de 45 minutos. Mucha gente olvida que los tuvimos atrapados allí durante 45 minutos. Todos trabajábamos para muchos movimientos políticos. Todos estábamos involucrados con el movimiento feminista, el de la paz, el de derechos civiles. Todos éramos radicales. Creo que eso fue lo que lo ocasionó. Tú te cansas de que te opriman."
(2013, p. 12, Traducción propia)

La Sylvia histórica

"¡No pensé hace 34 años que tendría tantos hijos! ¡Viva Pride y continúen su lucha por todo el mundo!"
En The Death and Life of Marsha P. Johnson
(France, 2017, 1:33:00, Traducción propia)

Aunque hoy Sylvia es honrada hasta convertirse en la primera mujer trans en tener su imagen en el *National Portrait Museum* de Estados Unidos, su vida *post-Stonewall* continuó requiriendo de mucha fortaleza para enfrentar la transfobia y el racismo aún dentro del activismo.

La protesta comenzada aquella noche se canalizó en la *Gay Liberation Front and Gay Activists Alliance* (Johnson & Rivera, 2013; Morales, 2011). Allí Sylvia fue rechazada por su acento, su feminidad y el color de su piel. El liderazgo consideraba a personas trans como *female impersonators* (hombres vestidos de mujer).

En 1970, Marsha y ella organizaron el *Street Transvestites Action Revolutionaries (STAR)* luego de reuniones con grupos como el nuyorican *Young Lords Party (YLP)*, a quienes siempre apoyó como parte de su visión revolucionaria.

STAR fue concebido en protestas ante la cancelación de un evento gay por la Universidad de

Nueva York (*The New York Historical*, 2019). El grupo se dedicó a proveer techo y comida a jóvenes LGBTQIA+ echados de su casa. La organización sufrió el desalojo de su edificio y eventualmente cesó funciones.

STAR había luchado porque se incluyera la identidad de género como categoría protegida en la ley contra la discriminación por orientación sexual. Otros activistas acordaron con políticos remover esa categoría para pasar la ley.

El roce llegó a su peor punto en la Parada *Pride* de 1973, al negársele a mujeres trans acceso al micrófono. Sylvia subió al escenario a hablar comoquiera y fue golpeada. Dijo:

"He estado en la cárcel. Me han violado. Y me han golpeado. ¡Muchas veces! Hombres, hombres heterosexuales (...) Pero, ¿ustedes hacen algo por mí? No. Me dicen que me vaya y me esconda con el rabo entre las piernas. No voy a aguantar esta mierda. Me han golpeado.

Me han roto la nariz. Me han metido en la cárcel. He perdido mi trabajo. He perdido mi apartamento por la liberación gay, ¿y me tratan así? ¿Qué demonios les pasa? (...) Hombres y mujeres que pertenecen a un club blanco de clase media. ¡Al que pertenecen todos ustedes!"
(*LoveTapesCollective*, 2:50, Traducción propia)

Luego del discurso, Sylvia se encerró en su hogar e intentó quitarse la vida pero fue salvada por Marsha. Es aquí que decide retirarse del activismo.

"Fui una radical, una revolucionaria. Lo sigo siendo. Me enorgullecía construir el camino y ayudar a cambiar leyes. Y lo seguiré haciendo, cueste lo que cueste."
(2013, p. 14, Traducción propia)

Sylvia regresó brevemente al activismo en la segunda mitad de la década de 1990, luego de sufrir sinhogarismo y alcoholismo varias veces (France, 2017; Gan, 2007). Vivió parte del reconocimiento mundial al visitar varias marchas de Orgullo a través del mundo.

La activista murió en 2002 de cáncer del hígado; tenía 50 años. Una década antes fue entrevistada para el libro "Stonewall" por el historiador Martin B. Duberman, lo que permitió recuperar la participación central de la comunidad trans en aquella noche histórica. Esto ha desembocado en un mayor reconocimiento de la "T" en las siglas del movimiento. La ciudad de Nueva York nombró una calle del *West Village* como *Sylvia Rivera Way*. También le sobrevive el *Sylvia Rivera Law Projec*t, dedicado a la defensa de minorías raciales dentro de la comunidad LGBTQIA+.

Sylvia fue trascendental en la ampliación de la definición de diversidad para incluir la identidad de género, diferentes razas y a personas empobrecidas. Esto sin contar con las innumerables vidas que salvó de la calle y la explotación sexual. Nos legó la importancia de gritar: ¡No más transfobia! ¡Diversidad! ¡Libertad!

¡**Gracias por ser,**
SYLVIA!

Referencias

Carle, L. (2000). *Sylvia Rivera (con Christina Hayworth y Julia Murray)* [Fotografía]. *National Portrait Gallery (NPG).* (Inducida en 2015).

France, D. (Director). (2017). *The death and life of Marsha P. Johnson* [Documental]. Netflix.

Gan, J. (2007). Still at the back of the bus: Sylvia Rivera's struggle. *Centro Journal,* 19(1), 124–139.

Johnson, M., & Rivera, S. (2013). *Street Transvestite Action Revolutionaries (STAR): Survival, revolt, and queer antagonist struggle.* Untorelli Press.

Kohnepoushi, P., Nikouei, M., Cheraghi, M., et al. (2023). Prevalence of suicidal thoughts and attempts in the transgender population of the world: A systematic review and meta-analysis. *Annals of General Psychiatry,* 22(28).

LoveTapesCollective. (1973). *L020 A Sylvia Rivera, "Y'all better quiet down": Original authorized video, 1973 Gay Pride Rally NYC* [Video]. YouTube. https://www.youtube.com/watch?v=Jb-JIOWUw1o

Morales, I. (2011). *Through the eyes of rebel women: The Young Lords, 1969–1976.* Red Sugarcane Press.

The New-York Historical Society. (26 de junio de 2019). *Sylvia Rivera and Marsha P. Johnson: Listen to the newly unearthed interview with Street Transvestite Action Revolutionaries.* https://www.nyhistory.org/blogs/gay-power-is-trans-history-street-transvestite-action-revolutionaries

JULIA DE BURGOS

Las diversas facetas de Julia de Burgos

> *"Unas veces impaciente, otras veces rebelde, pero la más de las veces con la resignación estoica y agresiva del combatiente que no se rinde."*
> Julia de Burgos, 7 de abril de 1953
> (Cartas a Consuelo, 2014, p. 215)

Julia de Burgos es la poeta más reconocida en la historia de Puerto Rico. Su rostro descansando en su mano con el dedo meñique levantado es una imagen icónica en nuestro país.

Una mujer mulata de clase empobrecida demostró su talento en las letras a principios del siglo XX. Esto contrario a la tendencia dominante en las artes puertorriqueñas de la época, donde las pocas mujeres destacadas eran de raza blanca y clase acomodada.

La carolinense nos sigue cautivando un siglo más tarde con sus versos feministas y románticos. Pero su corta vida incluyó otros aspectos muy poco hablados que también dejaron un legado. Y es el de una educadora, atleta, militante, nacionalista, antifascista, libertaria, periodista, perseguida, maternal, diaspórica...

Todas esas facetas representan la diversidad de nuestra Julia y a su vez, de muchas mujeres puertorriqueñas y del mundo. Aquí detallo cinco de ellas.

Las facetas de Julia

1. Educadora

Julia Constancia Burgos García nació y se crió en el barrio rural Santa Cruz de Carolina (*Y fui toda en mí*, 2014). Su familia realizó un gran esfuerzo para mudarse a Río Piedras, donde la joven logró ser admitida en la Escuela Secundaria de la Universidad de Puerto Rico (UPR).

La estudiante pudo convertirse en universitaria al superar los exigentes requisitos académicos mientras trabajaba para atender las necesidades económicas de su familia. Al ingresar a la UPR, no escogió estudiar letras sino educación. También se destacó como atleta.

"Missis" Burgos trabajó en una escuela del barrio Cedro Arriba de Naranjito, donde se cree que escribió su primer poema y uno de los más icónicos de Puerto Rico: Río Grande de Loíza. Este sería publicado en su primer libro "Poema en veinte surcos" (1938). Un consejo a su hermana, que comenzaba como maestra, revela su filosofía educadora:

"Frente a los muchachos, pórtate seria, pero a la vez dulce. No humilles a ninguno, que tú sabes que la adolescencia se caracteriza por el amor propio desenfrenado, y un realce de las buenas cualidades del niño de parte de la maestra hace mucho más que un enfoque directo en sus vicios."
12 de septiembre de 1940 (2014, p. 67)

Un dato poco conocido es que Julia fue contratada por el Departamento de Instrucción Pública en 1936 para escribir cuentos infantiles (Ateneo Puertorriqueño, 1992). El programa educativo "La Escuela del Aire" llegaba a las escuelas por medio de la radio. La poeta diversificó su talento con cuatro radiodramas: el drama "Un paisaje marino", el cuento "Llamita quiere ser mariposa", el diálogo "La parranda del sábado" y "Coplas jíbaras para ser cantadas".

2. Militante

La pluma siempre identitaria de Julia De Burgos reflejó la realidad colonial puertorriqueña a tres décadas de la invasión estadounidense. Así lo demuestra en poemas con gran conciencia de clase como "Somos puños cerrados" y "Desde el Caño Martín Peña".

Julia ejerció como Secretaria General del Frente Unido Femenino Pro Convención Constituyente de la República de Puerto Rico, a pesar de la brutal represión hacia cualquiera que alzara un reclamo independentista (*Y fui toda en mí*, 2014). Bajo ese cargo, pronunció en el Ateneo Puertorriqueño el inmortal discurso "La mujer ante el dolor de la patria" en 1936, meses después de la Masacre de Río Piedras. Proclamó:

> "Nuestra bandera se tiende hoy más gloriosa que nunca porque cuando una mujer se abraza a sus pliegues tendrá que pasar por encima de su cuerpo todo aquel que intente profanarla y ultrajarla."

En el mapa internacional, Julia se posicionó contra el facismo español en el poema "España, no caerás" (1938). Tal vez de manera más personal, ya que el amor de su vida fue un político dominicano, le dedicó al dictador Rafael Leónidas Trujillo el impactante poema "Himno de sangre a Trujillo" (1944). Las actividades políticas de Julia incluyeron estar presente en reuniones entre opositores de Trujillo junto a su esposo Juan Isidro Jimenes Grullón y al ex-presidente Juan Bosch (Vicioso, 2018). Vicioso argumenta que la carolinense nunca pudo visitar a

República Dominicana por prohibición de Trujillo, quien gobernó desde 1930 hasta 1961. Interesantemente, Bosch relató en entrevista con la autora que Julia mantenía contacto con Laura Meneses del Carpio, científica y esposa de Pedro Albizu Campos, cuando los tres vivían en La Habana, Cuba.

Es importante aclarar que la oposición de Julia a la dictadura dominicana no tuvo que ver únicamente con la relación amorosa que compartió con Jimenes Grullón. Cuando Julia publicó "Himno de sangre a Trujillo" ya llevaba dos años divorciada. El poema se publicó en el periódico *Pueblos Hispanos* para el que trabajaba.

3. Periodista carpeteada

Además de ser poeta, Julia de Burgos realizó trabajo periodístico que la llevó a estar en la lista "subversiva" del gobierno estadounidense (Feinsod, 2014).

La poeta se mudó a la ciudad de Nueva York en 1944, luego de su divorcio. Sus amigos en el Partido Nacionalista le asistieron para encontrarle trabajo al no poder vivir de su poesía, según le escribió a su hermana Consuelo (2014). Logró ser directora de la sección cultural de *Pueblos Hispanos*. Este medio fue creado por el otro Poeta Nacional y autor de Boricua en la Luna, Juan Antonio Corretjer Montes junto a su compañera, la poeta Consuelo Lee Tapia.

Julia se mudó a Washington D.C. al volver a contraer matrimonio. Ante el continuo aprieto económico, solicitó trabajo secretarial en la Oficina de Asuntos Interamericanos. La Guerra Fría creó un ambiente de paranoia ante todo lo que pudiese ser considerado antiamericano o comunista. No pasó mucho tiempo para que fuera visitada por agentes del Buró Federal de Investigaciones (*FBI*, en inglés), quienes consiguieron que la despidieran. La evidencia en su contra fueron unos poemas escritos a favor de Pedro Albizu Campos y su trabajo periodístico en *Pueblos Hispanos*. En este rotativo, Julia escribió piezas como "Ser o no ser es la divisa" :

"O está en un sitio o en otro; no puede estar a un tiempo en las dos posiciones entredichas. Si se sitúa en contraposición a las fuerzas progresistas, automáticamente se coloca al lado de las fuerzas reaccionarias, convirtiéndose en cómplice de los brotes criminales del orbe." (1945 citada en Vicioso, 2018, p. 85)

Esta no fue la primera vez que Julia enfrentaba consecuencias por sus posicionamientos políticos. La aduana le quitó todos sus papeles, incluyendo sus poemas y pasaporte, al ingresar a Estados Unidos luego de divorciarse. La carpeta (*file* del gobierno de Estados Unidos) de Julia continuaría durante el resto de su vida y hasta dos años después de su muerte.

4. Maternal

Julia de Burgos ha pasado a ser sinónimo de feminismo mediante sus versos en "A Julia De Burgos" y "Yo misma fui mi ruta". Nuestra sociedad patriarcal suele clasificar esta identificación como actitud de negación o aborrecimiento ante los cuidados maternales.

Pero Julia, en toda libertad de elegir su ruta, expresó que deseaba ser madre con muchas ansias (Vicioso, 2018). Uno de sus mayores dolores fue sentir que su cuerpo no procreaba una criatura tan deseada luego de varios embarazos que no prosperaron. En su conocido estilo reflexivo, plasmó mediante el "Poema del hijo no nacido" (1954):

> "Como naciste para la claridad
> te fuiste no nacido (...)
> Te perdiste sereno,
> antes de mí,
> y cubriste de siglos
> la agonía de no verte."

5. Diaspórica

Julia no dejó de peregrinar desde que salió de Puerto Rico en la década de 1940. Una lectura de sus *Cartas a Consuelo* confirma la constante mención de su necesidad por su patria. Al final de su vida expresó ese usual sentir diaspórico de querer morir en su tierra:

> "La sed de estar nuevamente en mi tierra, al lado de todo lo que más quiero en el mundo (...) Tengo hambre de libertad. Si me muero no quiero que este trágico país se trague mis huesos. Necesitan el calor de Borinquen, por lo menos para fortalecer los gusanos de allá y no los de acá."
> 17 de abril de 1953 (2014, p. 216)

Sobre su muerte se ha escrito mucho y se ha rumorado un tanto más. A modo de honrar la memoria de nuestra gran poeta, nos limitamos a recalcar que sus restos descansan hoy con honores cobijados por un hermoso mausoleo en su pueblo natal de Carolina.

Julia descansa eternamente en su nación, tal y como anhela toda puertorriqueña que vive fuera de su patria.

"Olvidada pero inquebrantable."
(Despedida en Welfare Island, 1953)

Si reflexionamos que nuestra más insigne poeta vivió 39 años, ¡es impresionante pensar que logró desenvolverse en todas sus facetas en un periodo de aproximadamente 15 años!

Julia de Burgos continuará con Puerto Rico en cada verso... y en toda su diversidad.

Referencias

Ateneo Puertorriqueño. (2002). *Desde la escuela del aire: Julia de Burgos*. Editorial EDP University.

De Burgos, J. (24 de octubre de 1936). *La mujer ante el dolor de la patria* [Discurso pronunciado en el Ateneo Puertorriqueño].

De Burgos, J. (26 febrero 1944). Himno de sangre a Trujillo. *Pueblos Hispanos*, p. 9.

De Burgos, J. (1954). *El mar y tú: Otros poemas*. Ediciones Huracán.

De Burgos, J. (2014). *Cartas a Consuelo*. Folium.

Feinsod, H. (otoño, 2014). Between dissidence and good neighbor diplomacy: Reading Julia de Burgos with the FBI. *Centro Journal*, 26(2), 98–127.

Vicioso, C. (2018). *Julia de Burgos en Santo Domingo*. Editorial Patria.

Y fui toda en mí: Antología poética en el centenario de Julia de Burgos. (2014). SM Editores.

A manera de epílogo...

"Rendir culto a la verdad y a la justicia que merece nuestro sexo."
Luisa Capetillo Perone
(Influencias de las ideas modernas, 1916, p. 76)

Espero que la lectura de este libro sea útil, no solo para el aprendizaje personal, sino también para que se abran más espacios donde se coloquen a nuestras mujeres históricas en su debido lugar. Que se hagan presente en hogares, salones, libros, calles, parques, estatuas, bibliotecas, librerías, carteles de lucha y demás lugares de nuestro archipiélago y la diáspora. Falta tanto por conocer sobre estas y otras heroínas patrias como para llenar más libros. Esa será una de mis metas como persona y de *BoriFrases* como marca-proyecto. Nos veremos en el próximo libro (y mientras tanto, en las redes). Para que quienes hereden nuestro país digan: ¡Estas son las mujeres puertorriqueñas históricas que SÍ me enseñaron!

Grace M. Cabrera Llinás, @BoriFrases

Mis gracias

¡Muy poca gente conoce lo trabajoso que es investigar, escribir y publicar un libro en Puerto Rico!

Le agradezco a Dios y a mis angelitos por darme la salud para aportar este libro a los anaqueles de mi patria.

Gracias a Héctor, mi compañero de viaje, por alentarme a seguir mis sueños. Y a mi familia por haberme proveído la educación y los valores necesarios para cumplirlos, incluido éste.

Agradezco a Edgardo Machuca Torres por la idea de este proyecto y sus aportaciones literarias para la investigación. También al medio feminista *Todas*, especialmente a Cristina del Mar Quiles, por permitirme publicar bajo mi propio nombre por primera vez.

A todas las autoras que se han dedicado a rescatar a nuestras ancestras del olvido. Yolanda Arroyo

Pizarro, Rosario Méndez Panedas, Norma Valle Ferrer, entre otras más que están en las referencias de cada columna. Las mismas no serían posibles sin sus investigaciones.

Siempre agradecida de la Universidad de Puerto Rico, proyecto de país en el que me formé y en cuya Colección Puertorriqueña realicé gran parte de mis investigaciones. Igualmente gracias a todas las organizaciones culturales, políticas y de servicio directo que luchan por las mujeres que todavía son silenciadas.

No me quiero despedir sin mencionar a toda la audiencia que me ha acompañado desde *BoriFrases*. A quien me haya conocido y dedicado unas bonitas palabras. A quien nunca me haya visto pero deja un *like* en las publicaciones sobre nuestras heroínas nacionales. A todas las que han usado el contenido para enseñarle a sus hijas y estudiantes. Sin todo ese apoyo, por insignificante que se piense, no existiría este libro.

A todas: ¡Mis GRACIAS!

Grace M. Cabrera Llinás es la creadora de *BoriFrases*, marca-proyecto dedicada por 15 años al conocimiento de la historia puertorriqueña mediante frases de sus personalidades históricas.

Posee un Bachillerato en Estudios Puertorriqueños y una Maestría en Trabajo Social Comunitario, ambos de la Universidad en Puerto Rico, Recinto de Río Piedras.

Ha escrito sobre mujeres históricas para el periódico *Todas* desde 2023.

Publicó en 2024 su primer libro, "**BoriFrases: 50 grandes frases de próceres boricua**s", donde la mitad de las frases son de mujeres puertorriqueñas.

Disponible en: www.borifrases.store

www.ingramcontent.com/pod-product-compliance
Lightning Source LLC
Chambersburg PA
CBHW060831190426
43197CB00039B/2555